AF428663

Marcel Duchamp
y los restos del *ready-made*

Horacio Zabala

Marcel Duchamp y los restos del *ready-made*

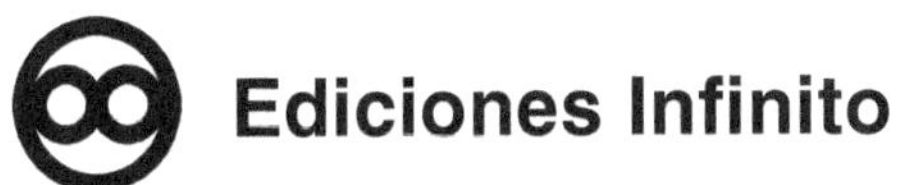

Ediciones Infinito

Zabala, Horacio

Marcel Duchamp y los restos del *ready-made*. - 1a ed. -
Buenos Aires : Infinito, 2012.
88 p.; 21×13 cm.

ISBN 978-987-9393-72-7

1. Arte. 2. Escultura. I. Título
CDD 730

Colección Saber y comunicar

Supervisión general: Cristina Lafiandra
Diseño gráfico: Karina Di Pace

© de todas las ediciones en español
Ediciones Infinito
e-mail: info@edicionesinfinito.com
http://www.edicionesinfinito.com
Buenos Aires, Argentina.

ISBN 978-987-9393-72-7
Hecho el depósito que marca la ley 11.723

Índice

El presente ensayo es el desarrollo del texto titulado
Marcel Duchamp, el ready-made *y el arte contempo-
ráneo*, leído en las III Jornadas de Arte y Universidad,
organizadas por Hugo Masoero en la Facultad de
Humanidades y Artes de la Universidad Nacional de
Rosario el 17 de septiembre de 2003. Las ponencias
de los participantes se publicaron en Laborde Editor,
Rosario, 2004.

Dos caminos se separaban en un bosque y yo…
Yo tomé por el menos transitado,
Y a eso se reduce toda la diferencia.

ROBERT FROST

Uno

El *collage*, fragmento sin valor

*Luego, cuando ya nos íbamos de la galería,
se volvió hacia mí y dijo:
"Me gusta firmar estas cosas, así se devalúan".
Duchamp debió darse cuenta de que había añadido
cierto valor monetario al objeto, pero como a la vez
aumentaba la cantidad de versiones firmadas, daba
al traste con la singularidad y con ello hacía que
valieran menos desde un punto de vista estético.*

RICHARD HAMILTON
Proposiciones

El mundo moderno de fines del siglo XIX es heredero del Iluminismo, movimiento de emancipación que da lugar a la génesis de disciplinas como la estética filosófica y la historia del arte, el sistema de las bellas artes y sus clasificaciones –pintura, escultura, arquitectura, grabado, etcétera– que las academias y la crítica de arte explican y legitiman. El contexto de este desarrollo está constituido por el avance del capitalismo industrial, la crisis de la artesanía, el progreso científico y tecnológico con su ideología optimista y el nihilismo con sus "crisis de sentido" y "desvalorización de los valores" tradicionales. Esta trama se refleja en las producciones figurativas cultas con síntomas obsesivos de rechazo ante los modelos del pasado, y a la vez, con "voluntad de anticipar el futuro". Se pone en práctica y se enuncia la idea de que el desarrollo del arte es un incesante borrón y cuenta nueva.

En esta atmósfera que tiende a la utopía y a la disolución de los dogmatismos nace, en los dos primeros decenios del siglo XX, el arte de las vanguardias artísticas y poéticas. El cubismo, el futurismo, el constructivismo, el dadaísmo, el ultraísmo y tantos otros movimientos comparten, con diferencias a veces irreconciliables, una doctrina que entraña métodos y criterios precisos: la crítica, la transgresión y la superación de los códigos estilísticos heredados. Surgen así, la búsqueda, la experimentación y la innovación de formas,

13

materiales, lenguajes y técnicas.[1] Estas peculiares maneras de hacer y señalar, sentir y pensar, se inscriben en el postulado esencial de la modernidad: se otorga valor a lo nuevo, o bien, se reconoce que lo nuevo tiene valor. Esto significa también una selección radical: se alaba o glorifica a los precursores y se olvida o descarta a los seguidores y a los eclécticos.

Los vanguardistas en el arte y la arquitectura, la poesía y la música, la fotografía y el cinematógrafo, entienden que la modernidad es un valor que se debe defender y extender. Proclaman que los fundamentos modernos son portadores de una experiencia histórica "potente", que mantiene una relación esencial con las contradicciones de la época. Los vanguardistas son humanistas que quieren transformar la realidad, sus presupuestos y prejuicios: en este sentido son los herederos directos de los nihilistas anárquicos de los últimos decenios del siglo XIX. Consideran, por lo tanto, que sus obras poseen nuevos principios y revelan un valor de verdad, lo que implica aspectos no solo dogmáticos y sectarios, sino también totalitarios.

Si vinculamos el fenómeno de las vanguardias a la historia del arte comprobamos que es algo inédito, intenso y aun épico, pero de ínfima duración, si tenemos en cuenta que su disolución comienza entre 1940 y 1950. Para Jean-Pierre Keller:

---

[1] En los primeros 20 años del siglo XX se concentrar varios hitos fundamentales del arte moderno. En 1907, Pablo Picasso inaugura el Cubismo con la pintura *Las señoritas de Aviñón*; en 1909, Filippo Tommaso Marinetti redacta el "Manifiesto del Futurismo"; en 1911, Wassily Kandinsky pinta las primeras obras abstractas y funda el movimiento "El jinete azul"; en 1912, Georges Braque y Pablo Picasso realizan los primeros *collages*; en 1913, Marcel Duchamp hace el primer *ready-made*; en 1915, Kassimir Malevich pinta el *Cuadrado negro*, y surgen los movimientos Constructivista y Suprematista; en 1916, el Movimiento Dadá; en 1917, Theo van Doesburg y Piet Mondrian fundan el Neoplasticismo; en 1919, se funda la escuela de arte, diseño y arquitectura Bauhaus. Cabe decir que cada movimiento artístico es una agrupación de artistas con autoconciencia de las implicancias teóricas del ejercicio práctico del arte.

[…] estas formas creadas hace menos de un siglo ya forman parte de nuestros orígenes: sea cual sea nuestra cultura y nuestra relación con el arte, todos hemos sido confrontados con el lenguaje del arte moderno, aunque solo sea por medio de los afiches que se inspiran en él. Así, las vanguardias históricas adquirieron una dimensión mítica. Esto explica, sin duda, que en el actual período sin brillo de 'post-vanguardia', el arte de los primeros decenios del siglo XX […] nos pueda hacer sentir con crueldad la ausencia de una renovación real de la escena cultural contemporánea.[2]

En 1907, Georges Braque y Pablo Picasso crean el cubismo, un lenguaje pictórico que, con el aporte de la cultura material africana, no solo aborda la forma y el espacio de una manera totalmente nueva, sino que entraña una visión del mundo con su correspondiente conceptualización teórica. William Rubin considera que el cubismo:

"[…] concretizó en el contexto del siglo XX la definición de la pintura como cosa mentale propuesta por Leonardo da Vinci. Esto es lo más importante que legó a las generaciones posteriores, y la obra de Duchamp le debe tanto como la de Mondrian".[3]

En 1912, o sea cinco años después del nacimiento del cubismo, Picasso realiza un cuadro al óleo de 27 × 35 cm titulado *Nature morte á la chaise cannée* [Naturaleza muerta

---

[2] Keller, Jean-Pierre: *La nostalgie des avant-gardes*, La Tour d'Aigues, Éditions Zoé/Éditions de l'aube, 1991, p. 25.

[3] Rubin, William: *Picasso et Braque. L'invention du cubisme*, París, Flammarion, 1990, p. 9. La edición original, *Picasso and Braque: Pioneering Cubism*, fue publicada para acompañar la exposición del mismo título, organizada por The Museum of Modern Art, de Nueva York, 24 de septiembre de 1989 a 16 de enero de 1990.

con silla de esterilla], en el que encola un fragmento de tela, cuyo diseño impreso imita un asiento de esterilla; también sustituye el marco del cuadro oval por una soga ordinaria. Es el primer *collage* (encoladura) de la historia. A partir de aquí, algunas cosas sin valor, tales como un fragmento de periódico o de espejo, un pentagrama, un alfiler, arena y materiales varios (en definitiva, residuos), se incorporan al cuadro de caballete o al papel de dibujo. La primera interpretación crítica del *collage*[4] sugiere que su aparición se debió a que los cubistas rechazaban el ilusionismo fotográfico de la pintura tradicional. Por lo tanto, preferían sustituir, por ejemplo, la copia pictórica exacta de la etiqueta de una botella por la etiqueta real. Y esta sustitución significó una mutación completa.

Florian Rodari escribe a propósito de su aceptación y generalización:

Que el *collage* no pueda ser reducido a un simple procedimiento mecánico, a una posibilidad suplementaria de la manualidad puesta a disposición del pintor, es lo que nos indica el éxito inmediato de esta invención en todos los artistas comprometidos en la renovación de las formas e ideas, en el curso de los primeros decenios del siglo. Aun más que una práctica, en efecto, se trata de un principio que sirve de soporte a todas las técnicas y favorece todas las expresiones, sean visuales, literarias o musicales. En todos lados, el *collage* aparece como un arma privilegiada contra el orden antiguo, el cuestionamiento de los valores perennes del arte; en todas las circunstancias, es juzgado el medio más eficaz para recusar la ilusoria coherencia de la obra tradicional

---

[4] En 1912, aparece un artículo firmado por Jacques Raynal sobre el *collage* en la revista *La section d'or*, en John Golding, *Le cubisme*, París, Edition René Julliard, 1965, p. 183.

y sustituir sus intenciones idealistas por el juego abierto de los signos autónomos [...].[5]

Podemos afirmar que el *collage* es una práctica poético-técnica que se origina a partir de una actitud materialista: el artista elije e incorpora algo real a su obra. Esto es, decide que uno o más restos concretos de la "realidad real", ajenos a la re-presentación pictórica, se integren a su creación. Si bien la concepción del *collage* es una consecuencia de la estructura autónoma del cubismo, de la idea del cuadro como un "objeto fabricado" (que borra la distinción entre pintura y escultura), tiene dos antecedentes no pictóricos. El primero surge en 1850 con el fotomontaje: técnica para componer una imagen nueva a partir de combinaciones de fotografías o negativos existentes. El segundo es el montaje, consustancial con la invención del cinematógrafo por Louis Lumière en 1896, que consiste en la selección y unión de escenas filmadas. En principio, el fotomontaje fue utilizado en composiciones alegóricas y escenas eróticas, pero recién los artistas del movimiento Dadá de Berlín le otorgan dignidad y autonomía expresiva. En efecto, a partir de 1916 (pocos años después de la aparición del *collage*) los alemanes John Heartfield, Hannah Höch, Raoul Hausmann y Kurt Schwitters comienzan a emplear el fotomontaje como medio de expresión en sus obras de carácter político e informativo (aspecto que también desarrollarán los constructivistas rusos El Lissitzky, Alexander Rodchenko y otros, a partir de la revolución de 1917).

Dos fundadores del movimiento Dadá señalan de diferente modo los aspectos conceptuales del *collage*. Para Tristan Tzara, revela lo efímero y lo intrascendente: "la más grande intimidad con las verdades cotidianas, la afirmación

---

[5] Rodari, Florian: *Le collage, papiers collés, papiers déchirés, papiers découpés*, Ginebra, Editons d'Art Albert Skira, 1988, p. 13.

invencible de lo provisorio, los materiales temporales y perecederos, la soberanía del pensamiento".[6] Max Ernst es más irónico: "Si bien son las plumas que hacen el plumaje, no es la cola la que hace el *collage*".[7]

Las posteriores y múltiples variantes del *collage* y el *assemblage* (ensamblaje bi o tridimensional de objetos y materiales) se extienden y desarrollan como un virus a todas las artes: la música, la arquitectura, la coreografía, la poesía y la literatura. En la actualidad, la aplicación de su principio se extiende al dominio de la información y comunicación visual, la publicidad, el diseño, la moda y los fenómenos de la esteticidad difusa.

En la historia del arte occidental, la inclusión de esta creación que trasciende las fronteras de las especificidades y categorías artísticas da lugar a una apertura ilimitada. Sus consecuencias solo son comparables con las que tuvo la invención de la perspectiva y la fotografía. Ni éstas ni el *collage* son meros instrumentos para representar el mundo, sino concepciones, intuiciones e imágenes del mundo. Al Renacimiento del siglo XV pertenece la perspectiva; a la modernidad de mediados del siglo XIX pertenece la fotografía (que anuncia al cinematógrafo); y al comienzo del siglo XX pertenece el *collage* (que anuncia al *ready-made*).

---

[6] Rodari, Florian: *op. cit.*, p. 162.

[7] Rubin, William: *op. cit.*, p. 53.

El *ready-made*, objeto intencional

En el campo de las artes visuales, la consecuencia extrema del *collage* es la creación de Marcel Duchamp denominada *ready-made* (producto confeccionado,
ya hecho). Si el *collage* significa la incorporación de un fragmento de la realidad en la obra de arte, el *ready-made* significa la incorporación de un objeto entero en un espacio des-
tinado a la obra de arte. Ambos, *collage* y *ready-made*, están
íntimamente vinculados, aunque aquello que los aproxima no
sea el lenguaje plástico-formal ni los procedimientos técnicos
empleados. El vínculo es conceptual: las dos creaciones indi-
can que las cosas y fenómenos reales no pertenecen a un
dominio diferente de las cosas y fenómenos artísticos. Podemos afirmar, por analogía, que el cuadro es a la pared (donde
está colgado) tal como el *collage* es al cuadro (donde está
pegado) tal como el *ready-made* es a la sala (donde está ex-
puesto) tal como la sala es al museo (del cual es parte) tal
como el museo es a la ciudad (a la que pertenece).

Marcel Duchamp atraviesa las vanguardias históricas
como creador, fundador, transgresor y desertor. Desde 1912,
anticipa nuevos criterios y miradas a propósito de las relaciones entre el arte y las cosas del mundo. Su producción tiene
una particularidad con respecto a las obras de otros célebres
vanguardistas de la modernidad, como Kassimir Malevich,
Wassily Kandinsky, Juan Gris, Constantin Brâncusi, Piet Mondrian y otros. Sus obras no solo se contemplan e interpretan

en los dominios del arte y de la estética, sino que también dan lugar a especulaciones filosóficas, semánticas y sociológicas.

Sus primeros tres *ready-made* de 1913-1914, *Roue de bicyclette*,* *Pharmacie** y *Porte-bouteilles** [Rueda de bicicleta, Farmacia y Portabotellas, respectivamente], anuncian cuatro años antes de la formación del movimiento Dadá el desafío a la noción de valor y la transgresión al pensamiento utilitario. El *ready-made* es un ejemplo de traición (en el sentido profundo del término) a la tradición humanista del sistema del arte, pues su capacidad de perturbación e interrogación de las nociones de arte, de obra de arte y de artista, siguen siendo paradigmáticas. Su influencia en la segunda mitad del siglo XX, y particularmente en el arte contemporáneo, es más decisiva que las obras del resto de los maestros modernos de su generación.

Duchamp declara en el curso de una entrevista en 1967 que:

[El *ready-made*] en el fondo, no debe ser mirado. Simplemente, está ahí. Los ojos nos notifican que existe. Pero no lo contemplamos de la misma manera que a un cuadro. La idea de contemplación desaparece completamente. Simplemente se toma nota de que es un portabotellas o que era un porta botellas que cambió de destino; no es la cuestión visual del *ready-made* la que cuenta, es el hecho de su existencia misma. Usted no tiene necesidad de mirar para acceder al dominio de los *ready-made* [...] No es una cuestión de visualidad: el *ready-made* dejó de ser visible, por así decir. Es completamente materia gris. Dejó de ser retiniano.[1]

---

* El asterisco en los *ready-mades* nombrados remite al apéndice por datos y observaciones.

[1] Collin, Philippe: *Marcel Duchamp parle des ready-made*, entrevista en la galería Claude Givaudan de París el 21 de junio de 1967, Parços, L'Echoppe, 1988, pp. 14-18.

Esta declaración entraña una reflexión específica sobre la materialidad concreta de lo que existe: lo que adquiere *status* de objeto está "ahí" aunque ninguna mirada lo busque, está sumergido en la cotidianidad. Se lo utiliza, se lo hace rendir, se lo clasifica. Tal como un objeto cualquiera, el *ready-made* denominado *Portabotellas* es una realidad material, pero tiene un estatuto ambiguo que no tienen los demás objetos "portabotellas", no existe fuera del acto mental que lo hace existir como una "obra" *ready-made*. Por eso, Duchamp sostiene que "[...] es completamente materia gris". Hubo operarios que lo realizaron en la fábrica como un producto en serie (un simple escurridor de metal para botellas), siguiendo los planos del diseñador industrial, que a su vez se inspiró en la idea de un aparato que resolviera un problema práctico-funcional: escurrir botellas. Luego, hubo vendedores y compradores que lo trataron como simple mercancía. Pero cuando el aparato deja de ser un objeto utilitario, cuando elude el determinismo fatal de la causalidad, cambia su destino: el *ready-made* es una presencia (una fuerza) a la que debemos vincularnos de otra manera. Esto es, debemos renunciar a las normales prácticas de utilización y dominio para acceder a una suerte de suceso intrascendente que nos relaciona con algo que solo se parece a sí mismo, autorreferencial y tautológico[2] en su tragicómica simplicidad.

Según Octavio Paz:

Los *ready-mades* son objetos anónimos que el gesto gratuito del artista, por el solo hecho de elegirlos, los transforma en obras de arte. Al mismo tiempo, el gesto destruye la noción de 'objeto artístico'. La esencia de la acción es la contradicción; esta es el equivalente plástico del juego de palabras; una destruye la significación, la otra, la idea de valor.

---

[2] Menna, Filiberto: *La linea analitica dell'arte moderna. Le figure e le icone*, Turín, Giulio Einaudi, 1975, pp. 100-103.

Los *ready-mades* no son *antiarte*, como muchas creaciones modernas, ellos son *a-artísticos*. Ni arte ni antiarte, sino algo que está entre los dos, indiferente, en una zona vacía.[3]

Thierry de Duve formula su hipótesis en estos términos:

Con el *ready-made*, Duchamp no produjo verdaderamente una obra de arte en el sentido corriente del término, sino un *arte facto*, que es una especie de instrumento experimental para señalar las condiciones del arte en un momento dado. Con el *ready-made*, Duchamp no inventó nada, no creó una obra de arte ni produjo un nuevo concepto de arte. Señaló un cierto número de condiciones del arte que ya estaban presentes [...] Y Duchamp habiendo señalado las condiciones, de implícitas que eran se convirtieron en explícitas. Desde el momento en que ellas fueron explícitas, todo el ambiente artístico se tuvo que ajustar a esas condiciones.[4]

El contexto determinado por la exhibición de obras de arte en un museo influye directamente en la identidad y el sentido ambiguo del *ready-made*. El museo de arte, como se sabe, es más que una colección ordenada de obras situadas bajo un mismo techo. El museo es una institución abierta al público, cuya finalidad es preservar y difundir ejemplos de la cultura material, pero esta función no impide que sea también un lugar de la memoria, la representación y la celebración, con su emplazamiento urbano, su aura sacramental y su rito de la visita. Si bien es evidente que no sustituye a los

---

[3] Paz, Octavio: *Marcel Duchamp, L'apparence mise á nu*, Paris, Gallimard, 1977, p. 29.

[4] De Duve, Thierry, intervención en un coloquio organizado en 1977 en el Centre Culturel de Cerisy-la-Salle, titulado "Duchamp: tradition de la rupture ou rupture de la tradition?", en Clair, Jean (comp.): *Duchamp. Colloque de Cerisy*, París, UGE, 1979, pp. 421-422.

monumentos religiosos, ya en el siglo XIX se hablaba del museo como de una "iglesia laica", como un símbolo del paso del tiempo, como el lugar civilizado por excelencia.

Si la sala del museo es la mediadora de la percepción de las obras de arte, el *ready-made* la necesita, pues en sí mismo, aislado e independiente del contexto artístico, deja de ser un objeto problemático. Se puede afirmar que es el resultado de una inadecuación entre un objeto y el espacio que lo contiene. El *ready-made* (asimbólico) y su emplazamiento (simbólico) se reúnen para problematizar la percepción del sujeto que siente placer o disgusto, que se ofende, que interroga su experiencia estética en el museo mismo. Su actitud ya no es pasiva y reverencial, sino activa y crítica.

El *ready-made* de 1919 llamado *L.H.O.O.Q.** está a la vista en el Philadelphia Museum of Art. Es una reproducción de *La Gioconda* sobre la que Duchamp dibujó bigotes y perilla, además de inscribir bajo la imagen "L.H.O.O.Q." (las iniciales pronunciadas en francés suenan como la frase "ella tiene el culo caliente"). Es evidente que este *ready-made* hace referencia al original de Leonardo da Vinci de 1503, que se exhibe en el Musée du Louvre. Los bigotes y perilla a lápiz sobre el rostro de *La Gioconda* y la inscripción no demuestran ningún virtuosismo en particular, y todo indica que el dibujo de Duchamp es una simple vulgaridad o la imitación de una broma infantil. Pero también puede ser visto como un pequeño síntoma del proceso de descomposición social en curso, y particularmente de la cultura figurativa: los valores más altos de la época se desvirtúan y el mundo mismo aparece sin valor. En efecto, el nihilismo (denominación aparecida en 1890 y aún fértil cuando termina la primera guerra mundial con sus ocho millones de muertos) es la consecuencia de la interpretación del mundo en términos de valores, donde Dios es el más alto, luego la patria, el progreso técnico, etcétera. La percepción de la ausencia de fundamentos en el sistema de las diferencias lleva a que todo se vea igual o equivalente, aunque no lo sea.

Es obvio que el *ready-made L.H.O.O.Q.* es una alusión directa a la obra paradigmática de un artista calificado de genial por la historia del arte. *La Gioconda* es un excelente ejemplo que caracteriza lo que Walter Benjamin denomina "aura".[5] Esto es el valor perenne atribuido a una obra maestra, única, verdadera y original, y a la vez a su fragilidad, pues ella existe "aquí y ahora", expuesta a su destrucción. Estos atributos exigen, a quien la admira y disfruta, una distancia no solo ante la obra misma, sino ante el talento del artista creador y su aventura espiritual. Por el contrario, el *ready-made* de Duchamp, realizado con una modesta reproducción de *La Gioconda* disponible en el comercio, no exige distancia ni veneración alguna. Pertenece al régimen laico y mercantil inaugurado por la reproductibilidad técnica de las imágenes. En su ensayo, Benjamin vincula la desaparición del aura a la disolución del criterio de autenticidad. Sin embargo, a partir de los años 60, este criterio no se ha perdido, al contrario, se potencia. Según Mario Perniola:

> [...] en cuanto al principio de autenticidad de la obra es indudable que se ha reforzado extraordinariamente; de hecho, cuanto menos se distingue el objeto artístico del objeto utilitario, como en el *ready-made*, tanto más se debe certificar y garantizar como único, irrepetible y dotado de autoridad cultural.[6]

Las diferencias entre el óleo sobre madera de 77 × 53 cm de Leonardo llamado *La Gioconda* y el lápiz sobre el papel de una imagen impresa que la reproduce de 19,7 × 12,4 cm

---

[5] Benjamin, Walter: "La obra de arte en la época de su reproductibilidad técnica", en *Discursos interrumpidos I*, Barcelona, Taurus, 1994. Traducción al español de J. Aguirre, p. 20 y ss.

[6] Perniola, Mario: *El arte y su sombra*, Madrid, Ediciones Cátedra, 2002; trad. al español de M. Poole, p. 72 y ss.

de Duchamp llamado *L.H.O.O.Q.* son evidentes y múltiples. Una de las características de esta obra peculiar es que interroga con ironía los criterios que legitiman lo históricamente "aurático". Pero ella misma posee actualmente algo similar al aura definida por Benjamin. En todo caso, sería un "modelo reducido" de aura, borrosa e ínfima con respecto a la "verdadera atmósfera inmaterial" que envuelve a *La Gioconda*. Y esa pseudo-aura de *L.H.O.O.Q.* no proviene, como en las obras maestras del pasado, en virtud de las "cualidades estéticas" distintivas, o sea de las propiedades duraderas de la apariencia visual. Proviene, en cambio, en virtud de los múltiples significados del gesto duchampiano, de la singularidad de su profanación y del concepto que encierra. Es obvio que en *L.H.O.O.Q.* son irrelevantes los criterios formales: la mala calidad del color en la reproducción de *La Gioconda*, la poco expresiva definición del bigote y la perilla o el trazo del lápiz en la inscripción con letras mayúsculas. En cambio, es digno de atención que el garabato esté hecho sobre una imagen reproducida mecánicamente y que esta imagen funcione como un enunciado institucional: en él se afirma que la obra maestra del genio Leonardo es patrimonio del Louvre, el más grande de los museos de Francia.

L.H.O.O.Q. es la huella débil pero impecable de una sutil ironía de Duchamp, realizada en 1919, que se "completa" 46 años después. En efecto, en 1965 utiliza como invitación a una exposición individual en una galería otra reproducción de *La Gioconda* con la inscripción *L.H.O.O.Q. rasée** [L.H.O.O.Q. afeitada]. Lo que podría significar una nueva mirada al original de Leonardo pintado en 1503, sin los sacrílegos bigote y perilla de 1919, pero manteniendo la alusión fonética *L.H.O.O.Q.*

Dime qué eliges y te diré quién eres

En 1913 –escribe Duchamp– tuve la feliz idea de fijar una rueda de bicicleta sobre un taburete de cocina y de mirar cómo giraba. Algunos meses después compré una reproducción barata de un paisaje invernal nocturno, que titulé *Pharmacie** [Farmacia], después le agregué dos pequeños toques, uno rojo y otro amarillo, sobre el horizonte. En 1915, compré en una ferretería de New York una pala para nieve sobre la que escribí *In advance of the broken arm** [En previsión del brazo roto]. Es en esta época que se me ocurrió la expresión '*ready-made*' para designar esta forma de manifestación. Hay un punto que quiero establecer muy claramente, a propósito de la elección de los *ready-mades*, esto es que jamás fue dictada por el deleite estético. La elección estuvo fundada por una reacción de indiferencia visual, combinada al mismo tiempo con una ausencia total de buen o mal gusto… en efecto, una completa anestesia.[1]

El hecho de que en la elección no esté presente la diferencia visual (o sea, el carácter por el cual la percepción sensible, lúcida y culta distingue valores, nombres e identidades)

---

[1] Duchamp, Marcel: ponencia en el simposio organizado el 19 de octubre de 1961, en el marco de la exposición *The Art of Assemblage* en el Museum of Modern Art, Nueva York, véase en *Duchamp du signe. Écrits*, al cuidado de Michel Sanouillet, París, Flammarion, 1975, 1994, p. 191.

indica otro aspecto paradojal de su concepción. En efecto, los *ready-mades* no participan de los presupuestos históricos de lo que "debe ser" una "auténtica creación artística", entendida como el reflejo de la libertad, el talento y la "expresividad personal" del artista para que su obra sea "única, original y verdadera" y no una broma ni una farsa, una estafa ni un simulacro.

Sus tres primeras obras, realizadas en París, no tenían la denominación genérica *ready-made*. Cuando Duchamp llega a Nueva York en 1915, descubre y se apropia de la expresión inglesa que se aplica corrientemente a productos listos para usar, como por ejemplo *ready-made clothing* (ropa de confección), *ready-made housing* (vivienda prefabricada), etcétera.

Para Duchamp, el *ready-made* no es un objeto encontrado por azar,[2] sino elegido con atención e intención. Es la consecuencia de seleccionar sistemáticamente entre diferentes objetos producidos en serie, que por lo común se exponen en los comercios. Por ejemplo, una pala de nieve, un urinario, un peine, un perchero, un portabotellas, un afiche publicitario, una jaula, una funda de máquina de escribir, etcétera. No son cosas que se destacan por su lujo, vulgaridad o pobreza, ni se distinguen por su belleza o fealdad. De hecho, Duchamp afirma que su elección "jamás

---

[2] Con los precedentes establecidos por el *collage*, el *assemblage*, y el *ready-made*, los surrealistas extenderán aun más el campo experimental con el *objet trouvé* (objeto encontrado). Para sus creaciones, recolectan y utilizan no solo productos manufacturados, sino también objetos naturales como esponjas, ramas, insectos, huesos, pelos, etc. Desde 1924, André Breton propone fabricar y poner en circulación "objetos que únicamente aparecen en sueños". La aceptación del azar y la incorporación de aspectos lúdicos, simbólicos e inconscientes en sus obras, conduce a surrealistas como Man Ray, René Magritte, Sebastián Matta, Meret Oppenheim, Joseph Cornell, Marcel Broodthaers, Roberto Aizenberg y otros, a subvertir, poner entre paréntesis o suspender el uso habitual del objeto cotidiano.

fue dictada por un deleite estético", sino por "una reacción de indiferencia visual" (aunque su rechazo radical e inapelable del juicio estético en su elección no deja de ser también un juicio estético). Es evidente que cuando elige algo común para "transformarlo" en *ready-made* no quiere actuar como artista, sino como un consumidor que debe resolver un problema práctico, como un usuario "insensible" a la forma, solo interesado en el costo y la eficacia de lo que selecciona.

Duchamp hace su elección en un contexto dominado por la cultura tradicional. Esta considera que la obra de arte está en las antípodas del objeto utilitario y de sus fundamentos técnico-racionales; el privilegio de los artistas, los críticos e historiadores del arte es, por consiguiente, ocuparse de los "objetos menos útiles" y los más expresivos de la actividad humana. Es necesario puntualizar que Duchamp no solo descarta los objetos "menos útiles" sino que entre los útiles selecciona los objetos industriales y no los artesanales. Su elección hace referencia a la proliferación creciente de objetos, comenzada hacia fines del siglo XIX como consecuencia del progreso técnico. Descarta, por lo tanto, la continuidad de la tradición que expresan los objetos artesanales, esto es, las huellas de la mano y del saber del artesano y el estatuto antropológico de la comunidad que lo comprende y utiliza. Duchamp elige el objeto anónimo producido en serie por la industria, por definición disociado de la memoria colectiva, alejado de cualquier función simbólica y afectiva con el usuario. El objeto industrial elegido ya no es más la creación de un sujeto de carne y hueso, sino el producto del sujeto colectivo de la cadena de montaje, asalariado y sin identidad, esto es, el sujeto "deshumanizado". (Esta problemática aparecerá posteriormente en el cine: en *Metropolis*, 1927, de Fritz Lang; y en *Modern Times*, 1936, de Charles Chaplin). Al valor de uso del objeto industrial se yuxtapone el valor de cambio, de signo y de mensaje: comienzan a aparecer las exigencias del mercado como la novedad, la marca del fabricante, la funcionalidad, el consumo y la publicidad.

Los objetos que Duchamp adquiere para transformarlos en *ready-mades* no deben formar parte del reino de la moda, tampoco deben ser símbolos religiosos ni encarnar ideales cívicos. Deben ser, en cambio, los que se presentan en el comercio como meras mercancías para ser vendidos sin perturbar ni ofender a nadie. Deben pertenecer a la inmensa población de las cosas familiares y triviales que están a nuestra disposición, que nos sirven, que son útiles y que, mientras no las utilizamos, no las percibimos. A propósito de la familiaridad, Francis M. Naumann expresa:

El *ready-made* efectivamente confundió la distinción que existía entre las obras de arte y los objetos ordinarios que nos rodean en nuestra vida cotidiana. La declaración de Robert Rauschenberg era un eco de estos principios cuando explicaba su propia concepción de la pintura en relación con el arte y la vida: 'ni uno ni otro: intento actuar en el intervalo entre ambos'. [...] Naturalmente, Duchamp era consciente del hecho de que, una vez retirados del ambiente que establecía su identidad como obras de arte, los *ready-mades* podían ser confundidos fácilmente con los objetos funcionales que habían sido inicialmente. Sabemos que esto ocurrió al menos tres veces: en 1946 en Minnesota, un portero tomó *En previsión del brazo roto** (la pala de nieve) para utilizarla como tal; en 1963, los funcionarios aduaneros que examinaban las obras importadas para la retrospectiva de Pasadena no consideraron los *ready-made* como obras de arte e intentaron fijar el mismo impuesto que regía para los objetos comunes; en 1978, en la Bienal de Venecia, los obreros tomaron la *Porte, 11 rue Larrey** [Puerta, calle Larrey 11] por una puerta "normal" del espacio arquitectónico, la instalaron en un rincón de la galería y la blanquearon.[3]

Para Georges Bataille, el arte es el único medio para que el objeto fabricado sea independiente de la función para la cual fue concebido: "[…] una casa, una mesa, un vestido, como un martillo, tienen su propia utilidad. Pocos son los objetos construidos que tienen la virtud de liberarse de cualquier función vinculada al ciclo de la actividad útil".[4] El *ready-made* es una suerte de rescate del objeto por medio de su incorporación a un contexto diferente del originario, como es el del arte.

Entre los numerosos objetos que poseen una finalidad clara, un urinario es un aparato sanitario para hombres que adquiere valor solo a partir del resultado que se obtiene utilizándolo. Posee y exhibe su función cuando está fijado a la pared de un baño y conectado al agua corriente y a la red cloacal.

Duchamp logra inserir, después de notables vicisitudes, que mencionaremos más adelante, un urinario en el mundo del arte. Logra liberarlo de "su función vinculada al ciclo de la actividad útil", pero lo encadena a las convenciones del mundo del arte. Recordemos que este nace durante el Renacimiento, en Toscana, a mediados del siglo XV, cuando se separan las funciones del artesano y del artista. Es gracias a la autonomía del mundo del arte que se genera la legitimidad social del artista. George Dickie propone distinguir dos sentidos del término "obra de arte": un sentido que establece valores y otro que clasifica sin evaluar. El

---

[3] Naumann. Francis M., Marcel Duchamp. *L'art a l'ère de la reproduction mecanisse*, París, Edition Hazan, 1999 ; trad. francesa de D. A. Canal, p. 294.

[4] Bataille, Georges: *Théorie de la Religion*, París, Gallimard, 1973, p. 33 y ss.

autor se interesa por el sentido clasificatorio: el criterio que determina la pertenencia de un objeto al dominio del arte está dado por las convenciones artísticas. Su teoría institucional define la obra de arte como un artefacto producido en referencia con los modos de representación reconocidos y aceptados por los artistas y los teóricos del arte: una obra de arte es un "artefacto al cual alguna persona o personas que actúan de parte de una cierta institución social (el mundo del arte) le han conferido el estatus de candidato para la apreciación".[5] Dickie, que se abstiene de aclarar cuál es el criterio de la "apreciación" y de cuestionar la sumisión del artista y su obra a la autoridad de la institución, cita como ejemplo de estos vínculos conflictivos el famoso urinario estándar, que Duchamp compra en la empresa de artefactos sanitarios J. L. Mott Iron Works, luego le da el título *Fuente*,* lo firma R. Mutt, lo data 1917 y lo presenta como "candidato para la apreciación" en la muestra colectiva del Grand Central Palace, de Nueva York, en 1917, organizada por la Society of Independents Artists Inc. Duchamp no solo figura entre los miembros fundadores de esta sociedad, sino que para esa exposición es nombrado presidente del comité de curadores, a pesar de que solo cuenta con 30 años. Sin embargo, debemos señalar que ya es un artista famoso por su segunda versión del óleo sobre tela titulado *Nu descendant un escalier* [Desnudo bajando la escalera], de 1912, que provocó un escándalo en el mundo del arte de Nueva York. Es esta celebridad la que le permite llevar a cabo y sostener la operación (simple y compleja a la vez) de *Fuente*.

El reglamento de la sociedad especifica que cualquier artista puede participar si paga anualmente cinco dólares, y que en la exposición "no hay jurado ni premios". Sin

---

[5] Dickie, George: *The Art Circle. A Theory of Art*, Evanston, 1997, trad. al español de S. J. Castro, *El círculo del arte. Una teoría del arte*, Buenos Aires, Paidós, 2005, p. 21 y ss.

embargo, no solo se censura la obra *Fuente* del artista R. Mutt, sino que esta desaparece. Duchamp renuncia inmediatamente a su cargo en solidaridad con "su" colega censurado y decide denunciar el hecho en la revista *The Blind Man* [El hombre ciego], de la cual era codirector. Bajo el título "El caso Richard Mutt", aparece un breve texto explicativo y una fotografía tomada por Alfred Stieglitz del *ready-made* en cuestión.[6] Hay que subrayar que Duchamp utilizó un medio de comunicación para probar la existencia de su obra y para inscribirla en el circuito del mundo del arte. Solo si en él se integran, los *ready-mades* transgreden, trastornan todas las pautas heredadas de las antiguas relaciones triangulares entre la noción de arte, de obra y de artista. Los *ready-mades* logran la plena integración en el circuito del arte después de medio siglo.

Como jamás en la historia de la modernidad, la actual red de relaciones especializadas que constituye el mundo del arte (museos, galerías, centros culturales, ferias de arte, festivales, bienales, escuelas, academias, universidades, concursos, premios, becas, auspicios, *web sites*, libros, revistas, boletines, etc.) y sus conexiones con la globalización y mediatización, la publicidad y la moda, la industria cultural y del espectáculo, se ha institucionalizado. Esto es, se ha transformado en un sistema que para sobrevivir, acepta y exige ser transgredido y trastornado una y

---

[6] El *ready-made Fuente* ha sido ampliamente analizado por Camfield, William A.: *Marcel Duchamp. Fountain*, Houston, The Menil Collection, Houston Fine Arts Press, 1989. La publicación de 183 páginas es un estudio histórico-crítico dedicado al *ready-made Fountain*. Acompaña la exposición organizada por The Menil Collection, en el centenario del nacimiento de Duchamp (1887); por De Duve, Thierry: *Résonances du ready-made. Duchamp entre avant-garde et tradition*, Nimes, Éditions Jacqueline Chambon, 1989, p. 67 y ss.; también por Tomkins, Calvin, Duchamp, Nueva York, Henry Holt and Company, Inc., 1996 (trad. al español de M. M. Berdagué: *Duchamp*, Barcelona, Anagrama, 1999, p. 349 y ss.).

otra vez. Nathalie Heinich considera que para el paradigma contemporáneo vigente, el valor artístico no reside en la obra de arte en sí misma, sino en los discursos y mediaciones que la sostienen en la red comunicativo-informativa. Para las vanguardias históricas, al contrario, lo que vale es la obra, y los discursos son accesorios.[7] El triunfalismo del *statu quo* de los últimos años tiende a neutralizar cualquier transgresión por su absorción, promoción y mediatización.

---

[7] Heinich, Nathalie: *Le triple jeu de l'art contemporain. Sociologie des arts plastiques*, Paris, Les Éditions du Minuit, 1998, p. 19 y ss.

Cuatro

Proyecto y estrategia

En 1930, Duchamp es miembro del equipo francés que participa en las olimpíadas de ajedrez. Obviamente, es capaz de anticipar las repercusiones de los movimientos de sus piezas en las del adversario. Es posible que haya aplicado su estrategia ajedrecística, conscientemente o no, en el campo artístico.

El *ready-made* entraña un proyecto, un procedimiento y una operación estratégica. Duchamp extrae del comercio objetos recién llegados de la fábrica, literalmente recién hechos, nuevos, sin usar (sin tradición ni prestigio cultural) con el fin de relacionarlos íntimamente con las instituciones artísticas que cobijan y exhiben obras de arte (con una gran tradición y prestigio cultural). Así, a partir de esta relación insólita entre el objeto trivial y la institución, da lugar a un "ejercicio" intelectual y sensible donde participan la racionalidad y la imaginación crítica. El *ready-made* implica una operación sociocultural que no está focalizada en la obra de arte en sí misma (valor, forma, trascendencia), sino en el conjunto de las mediaciones entre dos sujetos (el artista y el espectador), un objeto (*ready-made*) y un espacio (el museo).

En una de sus notas contenidas en la *Boîte verte* [Caja verde],[1] Duchamp escribe una breve y enigmática definición:

---

[1] En 1934, Duchamp confecciona la *Boîte verte* [Caja verde]. Se la llama así por el color de la caja, pero el título es *La mariée mise à nu par, ses*

41

"El descarte es una operación"[2] que adquiere sentido si la vinculamos al procedimiento general de elección, separación y desviación de un objeto o una imagen. El proceso se realiza en varias etapas, a partir de un primer objetivo: descartar la categoría de "producto de consumo" que está en el comercio y atribuirle otra diferente, vale decir, de "obra de arte" que está en el museo.

Una vez que Duchamp elige, adquiere y transporta el objeto a su propio taller, comienza otra etapa en la "elaboración" de su operación. Esto no significa que ahora utilizará su destreza en el uso de los materiales y técnicas, ni su talento artístico (en la mayoría de los casos inventa un título, coloca el objeto en una posición diferente a la de su utilización habitual o hace pequeños cambios formales). Al contrario, el *ready-made* es el resultado de "pasar por alto" el oficio artístico que Duchamp conocía desde que era un joven pintor, educado en una familia de artistas.[3]

En los primeros decenios del siglo XX, los maestros vanguardistas como Juan Gris, Umberto Boccioni, Sophie Taeuber-Arp, Vladimir Tatlin, Max Ernst o László Moholy-Nagy, se consideran a sí mismos investigadores "del origen", se proponen rechazar toda continuidad con el pasado, es decir, que tienen la voluntad de comenzar desde un (utópico) grado cero. Sus actitudes y sus obras constituyen, por consiguiente, una crítica al arte tradicional. Duchamp también rechaza los valores tradicionales del arte con sus pinturas

---

célibataires, méme [La novia desnudada por sus solteros, aún] y la publicó en una edición de 300 ejemplares que incluían 20 de lujo. Cada uno contiene reproducciones y estudios para *El gran vidrio*, fotografías, dibujos, fragmentos y notas manuscritas realizadas entre 1912 y 1915. Fue editado por primera vez en París en 1934, Édition Rrose Sélavy (*alter ego* de Duchamp).

[2] Sanouillet, Michel: *op. cit.*, p. 41.

[3] Tomkins, Calvin: *op. cit.*, p. 24 y ss.

cubo-futuristas de 1911 y 1912, como *Jeune homme triste dans un train* [Joven triste en un tren], *Les Joueurs d'échecs* [Los jugadores de ajedrez], además de las versiones del *Desnudo bajando la escalera*. O sea, que su primera elección como joven pintor es el terreno experimental de los vanguardistas. Si bien entre estos y los tradicionalistas existe una relación de polos opuestos (que se mantienen como tales por la tensión que generan), la relación también es de complementariedad. En efecto, tanto los vanguardistas como los tradicionalistas comparten una concepción del arte que los une. En todos están presentes el "oficio" y la "manera de hacer", la "factura" y la "técnica artística". O sea, los ingredientes que disponen los artistas para mostrar sus imágenes del mundo y sus propias e intransferibles identidades a través de la expresión personal implícita en sus obras.

Pero su *ready-made* se coloca fuera de la oposición entre el progresismo moderno de la vanguardia (que defiende la novedad desde la utopía de un mundo mejor) y el convencionalismo antimoderno (que defiende las normas establecidas para consolidar el dominio del pasado sobre el presente).

El valor de cualquier *ready-made* no está en la materia ni en la forma que lo constituye, sino en el conjunto de discursos críticos y efectos secundarios que suscita. El *ready-made*, no siendo un lenguaje formal determinado por la subjetividad del artista, sino un objeto o artefacto funcional independiente de la historia del arte, no está "comprometido" con esta ni con la "vanguardia" y su combate a favor de las "nuevas expresiones artísticas". Entre las filas de la vanguardia, Duchamp es un desertor (con ironía, él mismo se define como "ingeniero del tiempo perdido" y/o "anartista"), pues el *ready-made* es ajeno a la lógica dialéctica entre la obra nueva o vanguardista y la obra tradicional o académica, lógica en la que cada una quiere reprimir y vencer a su opuesto (combate que no admite conciliación ni moderación).

El *ready-made* se excluye del mito moderno de la originalidad y de la historia del arte como sucesión de "originalidades", pues es un cuerpo extraño al arte que, sin embargo, habla del arte y de sus valores, sean estos antiguos o modernos, progresistas o retrógrados. El *ready-made* es un invento[4] que utiliza la percepción sensible y la cultura figurativa de quienes lo miran para privilegiar en ellos un pensamiento visual radicalmente diferente. Este potencial crítico-utópico es una de las causas fundamentales de la extrema heterogeneidad y marginalidad de la obra de Duchamp (no sólo del *ready-made*) con respecto al sistema del arte y de la estética. Es suficiente recordar que Duchamp comienza a exhibir obras cuando cuenta con 22 años en el *Salon des indépendants* de París, que recién a los 67 años realiza su primera exposición antológica en un museo y a los 76 su primera retrospectiva.[5]

Si la primera etapa del procedimiento es la simple y llana adquisición del objeto, la segunda consiste en "modificar" de

---

[4] Luis Prieto señala que la obra de arte "[...] no es más que un caso particular de invención. Una invención no es un objeto, sino un concepto, o sea, la identidad específica que un objeto deba poseer, según su inventor, para lograr un cierto resultado [...] El inventor es el creador de la identidad específica que constituye la invención; quien la ejecuta es el que realiza la invención; un ejecutor es quien realiza la invención y produce un objeto provisto de la identidad específica que la constituye. El inventor mismo puede ser, por cierto, el ejecutor, pero no tiene necesidad de serlo para ser el inventor. Por otra parte, evidentemente se puede ser un ejecutor de una invención sin ser el inventor". Prieto, Luis: *Saggi di semiotica. Sull'arte e sul soggetto*, Parma, Pratiche Editrice, 1991, p. 35.

[5] En 1954 se inaugura en el Philadelphia Museum of Art la colección reunida por Louise y Walter Arensberg, donada cuatro años antes. Está formada por 43 obras. También se instala *La mariée mise á mu par sescélibataires, mémeou o Le grandverre* [La novia desnudada por sus solteros, aún o El gran vidrio], donación de Katherine Dreier. La exposición de estas obras tiene carácter permanente. En 1963 se hace la primera retrospectiva llamada *By or of Marcel Duchamp or Rrose Sélavy* [Por o de Marcel Duchamp o Rrose Sélavy] en el Pasadena Art Museum. Está formada por 114 obras. Duchamp mismo diseña el afiche y la tapa del catálogo.

maneras diferentes el objeto adquirido. En *A bruit secret** [Un ruido secreto], dos planchas de metal y cuatro tornillos "enmarcan" un ovillo de hilo visible que contiene en su interior un objeto. Si el espectador mueve la obra, algo en el interior del objeto hace ruido. *Trebuchet** [Tropiezo] es un perchero de pared que está atornillado al suelo (y no a la pared). En cambio, en *… pliant, … de voyage** [… plegable, … de viaje] se trata de una funda para máquina de escribir; en esta obra solo hay un cambio en el emplazamiento, pues la funda no está apoyada sobre un plano horizontal, sino suspendida en la pared. Lo mismo sucede con *In Advance of the Broken Arm** [En previsión del brazo roto] que es una pala de nieve suspendida verticalmente en la pared, o en *Fountain** [Fuente] que es un urinario colocado horizontalmente y alejado de su conexión con las correspondientes cañerías.

En todos los casos se niega la función a lo que nació funcional. Una vez concluida su manipulación, Duchamp actúa con el objeto "como si fuera" una pintura o una escultura recién terminada. Esto es, reitera la conducta que llevan a cabo los artistas desde el Renacimiento toscano de mediados del siglo XV: emplear la palabra escrita para dar un título a la obra, escribir la fecha de realización y estampar la firma.

Toda nuestra experiencia con las artes plásticas comporta un aspecto verbal considerable, que es el resultado de esta antigua costumbre, casi ceremonial. Para identificar a los cuadros se necesitan sus títulos y el nombre del autor, y si éste es desconocido, se lo localiza en el espacio y el tiempo ("Anónimo florentino, siglo XVI"). Nosotros jamás vemos una pintura aislada, nuestra visión de ella nunca es una "visión libre y pura". Escuchamos hablar de obras y artistas, leemos críticas y comentarios en catálogos y libros de historia del arte y de técnicas artísticas, prestamos atención a las pequeñas informaciones impresas al lado de las obras en cualquier exposición. Si bien desde el Renacimiento hay

artistas que han inscripto proverbios, nombres, títulos ho-
noríficos, virtudes civiles y religiosas, fechas y leyendas dentro del cuadro, a partir del cubismo y del *collage* la palabra
escrita (legible o ilegible) es una práctica generalizada de
casi todos los movimientos artísticos. El valor estético o éti-
co del título de una pintura depende de su capacidad para
asociarse con o disociarse de la imagen plástica. O sea que
depende de su potencia poética para crear connotaciones
que puedan evocar o sugerir al lector-intérprete diferentes
significados. "[…] De aquí en más –declara Duchamp– daré
siempre un rol importante al título, que agregaré y trataré
como un color invisible".[6]

Consideremos las relaciones que aparecen cuando
Duchamp juega con los diferentes contextos. Insertar un objeto, una imagen, un texto escrito o un sonido en un nuevo
contexto significa ubicarlo en una red de pensamientos,
emociones y sentimientos. El *ready-made* es el resultado
de cuatro tipos de desplazamientos que se superponen
entre sí:

a. Desplazamiento físico: de un espacio a otro: de un es-
tablecimiento industrial o comercial a un museo o galería
de arte.

b. Desplazamiento lógico-funcional: los objetos elegidos
dejan de ofrecer servicios, cambian su sentido y fundamen-
to originales (una pala para nieve ya no sirve para recoger
nieve ni un perchero para colgar ropa).

c. Desplazamiento simbólico-cultural: profanación de las
tradiciones artísticas (bigotes y barba a una imagen impresa
y reducida de *La Gioconda* de Leonardo, cuyo original se
exhibe en el Musée du Louvre, de París). O inversamente,

---

[6] Sanouillet, Michel: *op. cit.*, p. 220.

sacralización del objeto común (un peine para perro o un urinario en la sala del museo, que así resulta profanada).

d. Desplazamiento lingüístico: juegos de palabras, reseñalizaciones, renominaciones y alteraciones de la gramática, creación de nuevos términos como: infradelgado, retiniano, anarte y anartista, y personajes ficticios como Rrose Sélavy, Marcel Dechiravit, Marcellus Coloriavit, Sibille des Cibles, Marchand du Sel, R. Mutt, George W. Welch alias Bull, alias Pickens, etcétera, que firmarán obras y declaraciones.

En 1916, Duchamp considera la idea de integrar como *ready-made* el Woolworth Building de Nueva York. Este ejemplo de arquitectura neogótica, terminado en 1913, fue el más alto del mundo hasta que se levantó el Chrysler en 1930. Duchamp escribe en sus notas: "Encontrar inscripción para el edificio Woolworth como *ready-made*",[7] pero abandona la idea. El edificio, verdadero *ready-made* pues está recién terminado, no pertenece (obviamente) al patrimonio del arte y la arquitectura como la pirámide de Chichen Itza, en México, o el Panteón, en Roma. Es un edificio común que no tiene el aval de la historia, como tampoco lo tienen los urinarios, palas y perchas utilizados como *ready-made*. Pero dado que es un bien inmueble, Duchamp no puede descontextualizarlo y recontextualizarlo. Decide denominarlo "*ready-made* latente".

El *ready-made* anuncia algo más esencial que la desaparición de los límites entre el objeto artístico y el utilitario. Terry Atkinson propone que:

[...] Si un portabotellas puede ser reivindicado como un elemento de la clase 'objeto artístico', entonces por qué no los estantes de los negocios donde estaban exhibidos los

---

[7] *Ibid.*, p.107.

portabotellas, y si se incorpora el estante, entonces por qué no la ciudad donde está situado el negocio, y si se incorpora la ciudad, entonces por qué no el país [...].[8]

Esta progresión lógica lleva a admitir que cualquier cosa puede ser una obra de arte. En efecto, es el nuevo emplazamiento (del portabotellas, del estante, del negocio, etcétera) en una institución artística que goce de credibilidad pública la que otorga legitimidad artística al objeto en cuestión.

---

[8] Atkinson, Terry: *Art-Language. The Journal of Conceptual Art*, Vol. 1, N° 1, 1969, "Introduction", en Schlatter, Christian: *Art conceptuel formes conceptuelles*, París, Galerie 1900-2000, p. 90 y ss.

Cinco

El género turbio

*Aquí, en Nueva York, he comprado objetos del
mismo estilo y los califico de* ready-mades, *tú sabes
suficiente inglés para comprender el sentido de
"ya hecho" que doy a esos objetos; los firmo y les
doy un título en inglés. Te doy algunos ejemplos…*

MARCEL DUCHAMP
Cartas sobre el arte. 1916-1956

Desde el *ready-made* en adelante (al menos hasta la más inmediata actualidad del primer decenio del siglo XXI), para conferir el estatuto de obra de arte a un objeto, proceso o situación, a un proyecto, idea o señal, el artista debe contar con la aprobación (y complicidad tácita o explícita) de los críticos, historiadores, curadores, coleccionistas, administradores de centros culturales, fundaciones, galerías medios de difusión y empresas patrocinantes. Obviamente, quienes aprueban el proyecto o la obra de un artista (que Dickie llama "candidato a la apreciación") se encuentran en una situación inquietante: muchas son las obras e ideas que el ojo de la institución, del mercado y de la crítica de arte valoriza y legitima o desvaloriza e ignora. El museo que exhibe, los medios que difunden, los catálogos que clasifican, los textos teóricos que interpretan y los espectadores que contemplan, no solo hacen aparecer el objeto en cuestión como obra de arte, sino que también hacen aparecer al sujeto que lo hace como artista.

El consenso o el disenso del mundo del arte a propósito de cualquier manifestación artística pierden sentido y peso cultural ante la vigencia del "todo vale". Para Nelson Goodman la pregunta ¿qué es el arte? y sus incontables respuestas, que atraviesan la historia y en particular el arte del siglo XX, ya no son pertinentes. Todas se basan en creencias funestas que se refieren a valores metafísicos (belleza, verdad, esencia, bondad) o convenciones formales y emocionales. Por lo tanto, el autor escribe que:

> [...] una cosa puede funcionar como una obra de arte en ciertos momentos y no en otros. Es los casos cruciales, la verdadera cuestión no es "¿cuáles objetos son (de manera permanente) obras de arte?" sino cuándo un objeto es una obra de arte, o más brevemente, ¿cuándo hay arte?[1]

De esta manera, Goodman alude a los factores y circunstancias del contexto que permiten a un objeto cualquiera aparecer como una obra de arte. Pero su relativismo pasa por alto la reflexión crítica acerca de la intencionalidad y responsabilidad del artista (si bien la pregunta que comienza con "cuándo" no niega ni se opone a las preguntas que comienzan con "qué" o "cómo", sino que las enriquece).

Desde la difusión del concepto de *ready-made,* la pregunta ¿qué es una obra de arte? no desapareció, sino que se ha extendido a las circunstancias de su producción, existencia, difusión y recepción. En 1947, Marcel Mauss afirmaba que "[...] se estudiarán cuidadosamente todas las circunstancias que rodean a cada objeto, a cada acontecimiento artístico: dónde, quién, cómo, para quién, por qué. Por definición, un objeto artístico es un objeto reconocido como tal por un grupo".[2] Esta es una definición que excluye cualquier especulación acerca de la esencia, la verdad y los atributos formales del objeto artístico. Nada es en sí una obra de arte, pero cualquier obra humana puede asumir la identidad artística si un grupo la reconoce y enuncia como tal. Toda obra de arte necesita una comunidad con su tradición cultural que la reciba

---

[1] Goodman, Nelson: *Maniére de faire des mondes*, trad. francesa de M. D. Popelard, Nimes, Éd. Jacqueline Chambon, 1992, p. 90 y ss.

[2] Mauss, Marcel: *Manual de etnografía*, trad. española de Marcos Mayer, Buenos Aires, Fondo de Cultura Económica, 2006, p. 129.

y la salvaguarde; sin estas condiciones, que no dependen del artista que la realiza, la obra es inexistente. Es evidente que Mauss no considera el lenguaje como un reflejo más o menos fiel a la realidad, sino como un sistema simbólico que permite "dar versiones" de la realidad, vale decir, que permite "fabricar" la identidad y el sentido de un objeto cualquiera, como por ejemplo, el objeto que denominamos obra de arte.

Claude Lévy-Strauss, que concibe el arte como un conjunto de sistemas significativos, declara a propósito de las relaciones legibles que los *ready-mades* establecen entre sí y con el contexto:

[...] No es cada objeto lo que es obra de arte, son algunas disposiciones, algunos ordenamientos, algunos acercamientos entre los objetos. Exactamente como las palabras del lenguaje. En sí mismas, tienen un sentido muy desvaído, casi vacío y no cobran verdaderamente su sentido más que en un contexto; una palabra como 'flor' o como 'piedra' designa una infinidad de objetos muy vagos. La palabra no cobra su sentido pleno más que en el interior de una frase. En los *ready-mades* [...] son las 'frases' hechas con objetos las que tienen sentido y no el objeto solo.[3]

En una entrevista de 1957, Duchamp declara que son quienes miran los cuadros quienes los hacen.[4] También durante la representación de una tragedia en un escenario teatral, el espectador se olvida de su propia situación, se abandona a lo que mira; el efecto emocional es tal que él mismo se siente partícipe, que él mismo "hace" la tragedia.

---

[3] Charbonnier, Georges: *Arte, lenguaje, etnología. Entrevistas a Claude Lévy-Strauss*, trad. española de F. G. Aramburu, Buenos Aires, Siglo XXI editores, 1975, p. 85.

[4] Cabanne, Pierre: *Entretiens avec Marcel Duchamp*, París, Belfond, 1967, p. 130.

En términos generales, el mismo ladrillo tiene un significado diferente bajo una vitrina en el museo arqueológico, en las manos de un albañil y sobre un pedestal en el museo de arte moderno. El lugar de exposición, en el caso de las artes plásticas, representa el momento neurálgico de mediación entre la concepción del artista y la recepción del espectador. Nuestra mirada cambia con solo conocer quién hizo la obra: no es la misma mirada si el autor es un grabador anónimo del siglo XVII o si es Rembrandt. Nuestra mirada cambia si nos enteramos de que la obra no es auténtica sino falsa; cambia si miramos una obra en la sala de un museo o en un hospital neuropsiquiátrico. Nuestra mirada está impregnada por los contextos inmediato y mediato, por nuestro estado de ánimo, por nuestra cultura, creencias y memoria visual. Duchamp, en una entrevista en 1966 a propósito de la obra de arte sostiene que "[…] se trata de un producto bipolar; está el polo de quien realiza una obra o el polo de quien la mira. Yo doy a quien la mira la misma importancia que [le doy] a quien la hace".[5] O sea que Duchamp no solo acentúa la recepción estética de la obra, sino que anula las diferencias entre el artista que crea su obra y el espectador que la contempla e interpreta, dos sujetos esenciales de la historia del arte. El espectador, "sin producir nada", adquiere así la misma dignidad que el artista que "produce todo". Sin embargo, con su breve frase, Duchamp habla específicamente del *ready-made*, una "obra" que no fue creada por el artista. Es desde este objeto recién confeccionado por la industria, que cuestiona la creación (espiritual y material) de la obra, mito fundador que se afirma sobre la antigua categoría griega de *póiesis* o *póiema* (*poiéo*: fabricar, en el sentido de que algo pasa del no-ser al ser, de las tinieblas a la luz y a la verdad).

Duchamp "despoja" de valor al trabajo del artista y a su resultado, la obra. No especifica de quién es la mirada

---

[5] Sanouillet, Michel: *op. cit.*, p. 49.

que "hace la obra", pero nosotros creemos que tiene distinto peso la mirada del especialista y la del espectador común. ¿Qué le falta a la pala que adquirió Duchamp en 1915 para ser una obra de arte? No solo le falta la fecha y la firma del artista; le falta cumplir los trámites que regulan su inscripción y recepción en los espacios y canales de difusión que gozan de la credibilidad pública; le falta ser mirada (evaluada en términos de su transgresión a la "artisticidad") por quienes integran la red de relaciones que denominamos mundo del arte. Tanto Mauss como Duchamp afirman que cuando un objeto es contemplado y disfrutado, interpretado y nombrado, analizado y criticado como una obra de arte, el objeto es (o tiende a ser durante un cierto tiempo) una obra de arte. A partir de aquí, surgen aspectos paradojales y nuevos interrogantes con respecto a los criterios de legitimación de las obras por las instituciones, el mercado y la situación socio-cultural particular del "mundo del arte".

En sus notas, Duchamp propone una inversión conceptual insólita: "Para señalar la antinomia fundamental que existe entre el arte y los *ready-mades*, imaginé un *ready-made* recíproco: servirse de un Rembrandt como tabla de planchar".[6] Así como una pintura que está inscripta en la historia del arte podría ser utilizada como una superficie para desarrollar una actividad doméstica, de la misma manera se podría utilizar una escultura de Alexander Calder para secar ropa al sol. Ambas dejarían de ser obras de arte pues resolverían problemas prácticos. Pero el mismo cuadro ubicado nuevamente en la sala dedicada a la pintura holandesa del siglo XVII, y el mismo Calder ubicado con las esculturas del siglo XX, vuelven a adquirir sus estatutos perdidos si son miradas (contempladas y disfrutadas, interrogadas e interpretadas) como cuadro y escultura, es decir, como obras de arte y no como una tabla de planchar y un secarropa.

---

[6] *Ibid.*, p. 50.

La consecuencia lógica del "*ready-made* recíproco" es que cualquiera de los *ready-mades* de Duchamp exhibidos en museos e inscriptos en la historia del arte del siglo XX podrían volver a adquirir sus antiguos valores y funciones: la percha volvería a ser percha, el urinario volvería a ser urinario, la jaula volvería a ser jaula. Para adquirir sentido y dignidad, identidad y valor de obra de arte, cualquier cosa debe ser contemplada como obra de arte. Pero solamente si se cumplen las condiciones sociales y culturales necesarias, nuestra mirada es capaz de hacer aparecer las imágenes, los objetos y los fenómenos como obras de arte. Solo si el arte se entiende como un diálogo sin palabras entre el sujeto y el objeto, que sucede en un lugar y momento favorables, la recepción de la obra de arte es tan esencial como su producción.

Los *ready-mades* de Duchamp nos dicen que en la modernidad no hay objetos, imágenes ni situaciones cuyos significados y valores sean prexistentes y permanentes. Los objetos, las imágenes y las situaciones son construcciones inestables y cambiantes de la mirada individual y colectiva. En continua interacción, la mirada encuentra la cosa mirada y esta transforma la mirada. Somos a la vez, creadores y criaturas del objeto (de la imagen, de la situación, del fenómeno).

Duchamp comienza su producción de *ready-mades* hacia 1913 y la termina a mediados de 1960. Obviamente, durante este período realiza otras obras (también anticipatorias) que poco tienen que ver con los *ready-mades*, como cajas, libros de artista, fotomontajes, máquinas cinéticas, dibujos, *collages*, *assemblages*, instalaciones multimedia, curaduría de exposiciones, diseño gráfico de tapas de catálogos y revistas, declaraciones, conferencias, textos teóricos y críticos, etc. La producción de Duchamp, desde un punto de vista cuantitativo, es irrisoria si la confrontamos con la de Picasso o Kandinsky. En un período de 5 años, realiza aproximadamente 200 obras importantes entre las que se deben contar menos de 40 *ready-mades*: su ritmo de trabajo lento y discontinuo no se debe al azar sino que es la consecuencia de un método de trabajo, en el cual el acento no está puesto en la productividad. En efecto, él mismo escribe (con un signo de interrogación) en una de las notas de la *Caja verde*: "Limitar el número de *ready-mades* por año (?)".[7] Esta estrategia, que se basa en proyectar y realizar variaciones de la misma idea, excluye la repetición. Y esto no afecta únicamente a los *ready-mades*, sino que se extiende a toda su obra. Basta pensar en el tiempo y energía que dedica a su producción "literario-teórica", al armado de sus cajas, a obras en las que trabaja durante años, como *El gran vidrio* (comenzado en 1915 y "definitivamente inacabado", como él mismo declara en 1923) o *Étant donnés: 1. la chute d'eau 2. le gaz d'éclairage...* [Dado: 1. el salto de agua 2. el gas de alumbrado...], 1946-1966, y a largos períodos dedicado al estudio y juego de ajedrez (publicó un libro sobre los finales de partida).

Entre los *ready-mades* "originales" que se destruyeron o perdieron, presumiblemente confundidos con "objetos comunes", estaba el urinario denominado *Fuente**. Años después de su desaparición, Duchamp proyectó e hizo confeccionar 300 miniaturas del urinario para los 300 ejemplares de la *Boîte-en-valise** [Caja en valija]; sucesivamente, y en otras ocasiones, se realizaron varias réplicas en las mismas dimensiones que el original perdido: en 1950, 1963 y 1964. Es en ese año, que la Galería Schwarz, de Milán, fabrica 13 *ready-mades* en ediciones de 8 ejemplares, con la debida autorización de Duchamp que aprueba los diseños, y una vez realizados, los numera y firma. Es interesante observar que él hubiera podido hace nuevos *ready-mades* con otros objetos, sin embargo, Duchamp

---

[7] *Ibid.*, p. 50.

prefiere no aumentar "[...] el número de *ready-mades* por año" sino copiar los ya realizados, o sea, afirmar el valor de su operación comenzada 51 años antes. Su estrategia es conmemorar con múltiples numerados y firmados destinados al mercado específico del arte, el "pasaje" de aquellos objetos funcionales (como el urinario) a la categoría de "obras de arte" exhibidas en museos. Esto es, transformadas en fetiches pseudo-auráticos *dejá vu* de la historia del arte del siglo XX.

La fabricación realizada por diferentes artesanos que lleva a cabo la galería comercial con el acuerdo de Duchamp, que firma cada uno de los 13 diseños "Marcel Duchamp O.K.", para aprobar cada proyecto, no se debe a su indiferencia hacia los aspectos creativos, técnicos y estéticos de la práctica artística. En 1961, declara que el *ready-made* no tiene nada de único y que su réplica transmite el mismo mensaje "[...] que de hecho, casi todos los *ready-mades* actuales no son originales en el sentido tradicional del término".[8]

Francis M. Naumann considera que hay dos temas esenciales en la obra de Duchamp: la apropiación de objetos, desde la *Rueda de bicicleta** en 1913 y la duplicación (copia, reproducción, réplica), desde la edición de sus notas para *El gran vidrio* en 1914.

A lo largo de su vida, Duchamp no siente ningún escrúpulo en publicar la réplica de una obra anterior, en particular si el original se perdió o es inaccesible [...] aun acepta réplicas producidas por otros en al medida en que ellas hayan aferrado el espíritu de la obra. Así, no hace ninguna objeción cuando Picabia reproduce su *L.H.O.O.Q.* de 1919 en la tapa de su revista 391, señalando más tarde que su amigo había olvidado la perilla.[9]

---

[8] *Ibid.*, p. 192.

[9] Naumann, Francis: *op. cit.*, p. 21.

Recién después de 50 años de la invención del *ready-made*, o sea, en los comienzos de la década del 60,[10] se lo interpreta y recrea con independencia de la tradición pictórica y escultórica. En estos años aparecen confluencias de las artes visuales con el teatro, la danza, la música; surgen también soportes como el video y los medios mixtos. En efecto, el *ready-made* no fue una manera particular de expresar y hacer formas con atributos constantes. No hay un "estilo *ready-made*" sino un género *ready-made*, es decir, un conjunto de entidades que tienen entre sí analogías conceptuales permanentes que van más allá de las manifestaciones formales.

---

[10] En el período 1960-1970, en América y Europa aparece un cambio de sensibilidad. Emergen obras aisladas y movimientos artísticos cuyos valores son radicalmente diferentes de los propuestos por las vanguardias históricas. El ascetismo, la impersonalidad y aun la frialdad emocional (para caracterizarlos negativamente deberíamos denominarlos anti-subjetivos o anti-expresionistas). Se citan algunas de las tendencias: Pop Art, Fluxus, Happening, Artecorreo, Arte cinético, Videoarte, Arte Povera, Nouveau Réalisme, Minimalismo, Land Art, Arte de sistemas, Conceptualismo, Arte de acción, etc.

Contra
la resignación

*Usted dijo que el éxito desmoraliza. ¿Se siente
desmoralizado?*
*"Yo jamás tuve éxito. Ningún éxito normal. Mi
primera exposición individual fue hace dos años
en Pasadena, entonces yo tenía 75 años".*

DORE ASHTON
Rencontre avec Marcel Duchamp

La concepción del arte de vanguardia y la del arte
tradicional coinciden en diferenciar netamente lo que es arte
de lo que no lo es, lo que merece ser exhibido y custodiado
por el museo de lo que no lo merece, lo históricamente "aurático" de lo que puede ser olvidado o descartado.

Dado su origen profano y trivial, visible y evidente, el
ready-made no es algo nuevo, inaugural y excepcional que
aparece por primera vez, sino al contrario, algo ordinario,
familiar y que reconocemos de inmediato. Pero como tampoco es algo reconocible dentro del género pictórico o es-
cultórico, no constituye un aporte específico y plásticamen-
te fecundo, como son por ejemplo las primeras imágenes
abstractas de Wassily Kandinsky, Theo van Doesburg o Piet
Mondrian, los monocromos de Kassimir Malevich o Alexander Rodchenko. En la búsqueda vanguardista del "origen" y
lo des-conocido, el *ready-made* es insignificante, dado que
él mismo es una señal de la equivalencia de los objetos
utilitarios (una percha es tan útil como un peine o un termómetro). Si cualquiera de ellos puede alcanzar el valor de
obra de arte es porque ninguno tiene particularidades que
los distingan de los otros. Desde este punto de vista, la visión de Duchamp con respecto a los objetos producidos y
reproducidos, consumidos y destruidos por la sociedad de
masas es desencantada y relativista, antiutópica y nihilista:
si cualquier objeto puede adquirir valor artístico es porque

no hay privilegios de esencia ni de forma. En el capitalismo moderno todos los objetos e imágenes son, o pueden ser, mercancías.

El *ready-made* es asimilable a una estética del asombro (fugaz y efímera) solo si se lo considera como una provocación perversa o una curiosidad para desorientar la percepción visual. Pero la operación socio-estética de Duchamp con los productos de la cultura material no es lúdica ni busca distracción alguna. Al contrario, es una operación racional que utiliza de manera no convencional e irónica las convenciones establecidas (vanguardistas o no, estéticas o no) sin imponer una moral. Excluyendo todo "deber ser" y toda alegoría optimista, ignora la herencia anti-intelectual del Romanticismo, que considera las obras de arte como fetiches de lujo y al artista como un ser genial, intuitivo, iletrado y deliberadamente irresponsable.

Los objetos, artefactos, imágenes y datos de nuestro paisaje doméstico, urbano y mediático, proliferan y se renuevan aceleradamente desde hace decenios. Sean fijos o en movimiento, anodinos o esenciales, se han convertido en una presencia obvia e inevitable. Los producimos y consumimos, los nombramos y clasificamos, los compramos y vendemos, los destruimos y reciclamos. Desde una perspectiva racional y calculadora, funcional y pragmática, los utilizamos y administramos, controlamos y dominamos; desde una perspectiva intuitiva y subjetiva, emocional y poética, los contemplamos e interpretamos, los disfrutamos o detestamos. A partir de estas dos conductas opuestas y contradictorias que se pueden analizar y criticar, integrar y alternar, pero difícilmente rechazar, debemos admitir que siempre somos parte del contexto que observamos y con el cual convivimos e interactuamos. Nuestras experiencias específicamente estéticas con nuestro contexto son vastísimas: según la etimología de la antigua voz griega *aísthesis* (percepción), son experiencias que se refieren al sentir y a la sensación en general. Desde que en el siglo XVIII se reconoce la autonomía del sentir con respecto a la reflexión, la estética es una disciplina alejada de contextos metafísicos y trascendentes. Al contrario, está próxima a las cosas del mundo pues es terrenal, mundana y efímera. O sea, es ilimitada y está condenada a la subjetividad y la libertad. Ante los productos materiales o inmateriales de la civilización son nuestras facultades las que se ponen en juego: la imaginación, el entendimiento, la memoria, la emoción.

El *ready-made*, consecuencia extrema del *collage*, no es el resultado inmediato de un ejercicio lúdico o poético, sino de una lenta estrategia intelectual y sensible que, sin eludir lo lúdico ni lo poético, pone en juego los valores y creencias, normas y jerarquías de un determinado entorno sociocultural. Duchamp liquida la ilusión optimista y romántica del artista que cree poder producir obras al margen de la cultura industrial urbana con sus intercambios y señales, redes y medios.

El *ready-made* estimuló perspectivas teóricas que tomaron menos en cuenta la obra aislada y realzaron sus diferentes circunstancias y relaciones con el mundo: cómo aparece, cuándo y desde dónde se enuncia, quién lo enuncia. Se enfocaron las particularidades de producción y reproducción, sus entornos inmediato y mediato, su difusión, interpretación y recepción.

La descontextualización y recontextualización del objeto, que conducen a la renominación, resignificación y revalorización llevadas a cabo por Duchamp a partir del primer *ready-made* denominado *Portabotellas*, podrían ser vistas como el primer paso hacia la disolución de las fronteras entre lo que llamamos realidad real (la experiencia plural y extensa con las cosas y los fenómenos de la vida) y lo que llamamos arte (la experiencia cultural singular y específica con las obras de arte).

Para algunos detractores del arte contemporáneo, Duchamp es quien comenzó la crisis de legitimación actual, como si fuera posible reducir todos los conflictos del arte moderno a una sola figura (y no incorporar al menos a su magnífico polo contrario, Kassimir Malevich). Cuando hoy consideramos el arte moderno como nuestra herencia histórica, nuestra mirada se aleja, ya no es moderna.[1] Ya no experimentamos el arte moderno como el ámbito donde compartimos totalmente nuestra identidad. En nuestro primer decenio del siglo XXI se acelera aún más una práctica del arte multifocal e ilimitada, así como en el mundo del arte institucional se reafirma la exigencia de anulación de cualquier límite. Si en esta mezcla de pluralismo y eclecticismo el arte puede acontecer bajo cualquier forma y condición es porque el espíritu de la época manifiesta un radical principio de equivalencia. Para Arthur Danto:

> [...] no hay obligaciones *a priori* relativas al aspecto de las obras de arte visuales, de manera que todo lo que aparece visible puede convertirse en una obra de arte visual. Esta posibilidad forma parte de lo que significa realmente vivir el fin de la historia del arte.[2]

Esto implicaría también el fin (entendido como consumación y agotamiento) de los criterios estéticos, y por consiguiente, la imposibilidad de juzgar y evaluar. Si el arte nada impone ni excluye, sino al contrario, todo expone e incluye, lo que gobierna es el principio indiscriminado del "todo vale" (recordemos que cuando en el lenguaje corriente se quiere expresar la ausencia de criterios que impide la comprensión de las diferencias, se dice que "todo vale").

---

[1] Este concepto no habría surgido sin el estímulo de la lectura de Bruno Latour en *Nous n'avons jamais été modernes. Essai d'anthropologies y métrique*, París, Édition la Decouverte, 1991.

[2] Danto, Arthur: *L'art contemporain et la clóture de l'histoire*, Paris, Éditons du Seuil, 2000, p. 289 y ss.

Esto significa que tienden a desaparecer la especificidad y la autonomía del arte, atributos que determinaron su existencia desde el Renacimiento en adelante. La ausencia de discriminación también puede ser interpretada como el resultado de la imposición que ejerce la irracionalidad de nuestra democracia de mercado donde "todo sirve por igual". Así, las obras de arte (no solo visuales) terminarán integrándose a la sociedad del espectáculo y del entretenimiento permanentes, como anticipara Guy Debord en 1967 y reactualizara en 1988.[3]

El fin de la historia del arte, mencionado por Danto, podría ser el resultado de la integración del arte a la industria mediática y su gran poder de seducción. Los síntomas de esta integración o disgregación no faltan. Hace años que no es posible distinguir la obra de arte de la comunicación visual, la información, la publicidad o la moda. En los museos, galerías, centros culturales, bienales y ferias de arte, las propuestas a la sensibilidad e inteligencia de los espectadores es abrumadora: productos de diseño industrial y gráfico, espectáculos gastronómicos y folclóricos, aplicaciones de las nuevas tecnologías, equipamientos urbanos, *gadgets*, actividades lúdicas y pedagógicas, artesanías de lujo, *slogans*, colecciones de curiosidades, acontecimientos de la vida privada y cualquier tipo de prácticas gratuitas o instrumentales. Los espacios específicamente dedicados al arte, sin dejar de exhibir obras de arte (pensadas como arte), exhiben objetos, imágenes y situaciones que provienen de ámbitos no necesariamente creativos ni artísticos. Esto significa que se estimula y privilegia la mirada hedonista, distraída, conciliadora y ávida de novedades, puesta al día por la globalización y la esteticidad difusa. El resultado evidente es la neutralización de las singularidades

---

[3] Debord, Guy: *La société du spectacle*, París, Buchet/Chastel, 1967; *Commentaires sur la société du spectacle*, París, Gallimard, 1992.

e independencias, y en consecuencia, la generalización de la homogenización y la equivalencia.

Si "todo lo que aparece visible puede convertirse en una obra de arte visual", si todo vale y sirve en cualquier momento y lugar, si lo que no comunica no tiene posibilidad de existir, todo debe ser visible y comunicable. Hay, por consiguiente, que presentar y representar lo impresentable, sea estúpido o abyecto, una y otra vez. En estas condiciones, el arte ya no puede pretender identidad y dignidad cultural con respecto a la influencia o incluso a la hegemonía de otros dominios como el imperialismo mediático, el poder político y sus sistemas de control. Es pertinente que hoy nos preguntemos qué queda de las preguntas por el arte (qué, por qué, cómo, dónde y cuándo), de qué manera todavía lo podemos pensar y sentir si pensamos y sentimos que las preguntas "no pertenecen al pasado" sino al presente.

La falta de exclusiones en el arte contemporáneo no indica frivolidad o apatía, sino la imposibilidad de aislar las prácticas artísticas de la contingencia del aquí y ahora. Es el contexto inmediato con su desequilibrio y desorden, su brutalidad y banalidad que hoy irrumpe en el arte. Las cosas del mundo se expanden, apretujan y mezclan: enturbian la autonomía del arte, pero no anulan nada. Indagar y sentir las obras de arte contemporáneas es penetrar en el contexto que las genera, y este no es un remolino en disolución sino en transformación permanente.

Desde nuestras convicciones efímeras es válido entonces que nos preguntemos (sin la obsesión de la innovación ni el *pathos* de la decadencia, al contrario, asumiendo la coexistencia tradición-modernidad) ¿qué queda de la inquietud por el arte si tenemos por cierto que aún no se agotó su historia, que todavía es una presencia?

Hay obras de arte antiguas y modernas que son intuiciones, interrogantes y visiones capaces de manifestarse e influir en nuestro presente inmediato. Son inagotables, porque aun mostrando y diciendo desde lejos, nos exigen miradas y lecturas atentas: apuntan a que descubramos significados a partir de nuestra interioridad e introspección, nuestro conocimiento e intuición: se dirigen a nuestro yo. También hay obras contemporáneas que mostrando y diciendo desde cerca, nos exigen miradas y lecturas atentas que excluyen la percepción distraída y la mera curiosidad. Tampoco estas obras desvelan sus secretos: tienden a ser ensayos atenuados y polisémicos que habitan los pocos intersticios (fútiles e importantes a la vez) que restan a nuestra disposición.

El *ready-made* es el resultado de un método de apropiación de objetos e imágenes de la "realidad real" situados en el espacio y en el tiempo. Es capaz de estimular una experiencia estética que subvierte las conocidas oposiciones entre lo que una cosa es y vale en ciertas condiciones, y lo que parece ser y valer en otras condiciones. Hace visible (des-oculta o des-cubre) las equivalencias y diferencias, las incongruencias y contradicciones entre lo que una cosa significa en un contexto y lo que parece significar en otro.

En el arte de los últimos decenios que producen sociedades de espectáculo permanente, los sistemas de apropiación y desviación de imágenes, objetos y procesos (originados con el *collage* y el *ready-made*) se extendieron a partir del "todo vale por igual". Este imperativo, indispensable al compulsivo trinomio información-comunicación-publicidad, está presente en el saqueo generalizado que, permitiendo todo, tiende a ignorar o disolver (trivializar, parodiar) la percepción crítica de la cultura, y en particular, la experiencia estética con las obras de arte. Sin embargo, aunque la infinita población de imágenes fijas y móviles de nuestro paisaje globalizado nos muestre que el acceso masivo a la distracción es un hecho y que todo es visible (negociable, comunicable), nuestra propia conciencia nos dice que lo menos visible es lo más descuidado, lo más durable y los más imprevisible.

El arte tiene sentido si transforma el sentido. Si la práctica del arte no introduce factores de discontinuidad y de diferencia radical en las obras, si estas no aportan desviaciones irreducibles al abuso de poder que entrañan las operaciones mediáticas, estas suplantan la obra de arte y descalifican la reflexión sobre el arte.

Para la lectura lineal de la historia del arte, cada obra, idea o técnica supera a las precedentes en un supuesto desarrollo unificador; así, las innovaciones puras y duras de las vanguardias históricas se interpretan como verdaderos "saltos hacia adelante" con respecto a las representaciones tradicionales. Desde fines del siglo XX hemos dejado de comerciar con el tiempo, y hoy ya no queda espacio para saltar hacia el futuro ni hacia el pasado: el presente ocupa todo. La obra de arte significativa (= reveladora) está realizada por un artista que pisa en el mismo lugar sin avanzar ni retroceder. Con la misma insistencia, el artista vuelve a sí mismo y sospecha que este "sí mismo" es tan insuficiente como su obra y como el presente que le toca vivir.

Datos y observaciones sobre 23 *ready-mades*

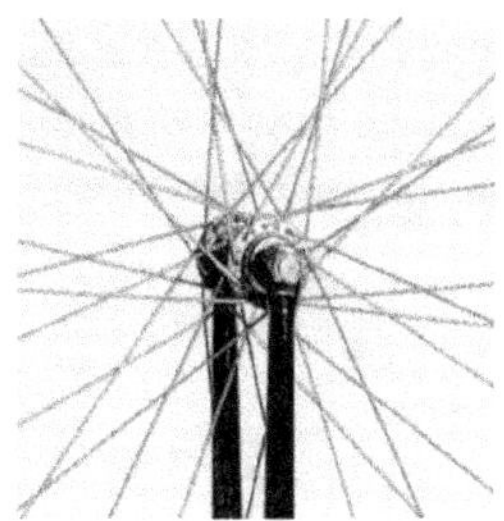

Roue de Bicyclette [Rueda de bicicleta], 1913

■ Rueda de bicicleta con su horqueta montada sobre un taburete esmaltado de blanco.

■ Original perdido; segunda versión perdida; tercera versión realizada por Sidney Janis Gallery, Nueva York, 1951; cuarta versión realizada por Ulf Linde, Estocolmo, 1961, colección Moderna Museet, Estocolmo; quinta versión realizada por Richard Hamilton, Londres, 1964, colección Richard Hamilton; sexta versión realizada por la Galleria Schwarz, Milán, edición de 8 réplicas numeradas y firmadas, 1964.

■ **DIMENSIONES:** Rueda: 64,8 cm de diámetro; taburete: 60.2 cm de altura.

■ **OBSERVACIONES:** Cuando Duchamp realiza esta obra, todavía no ha descubierto el término inglés *ready-made*. Lo adoptará a partir de 1915 (o sea desde su residencia en Nueva York). La obra inaugura una poética de la apropiación y del ensamblaje de objetos de orígenes diferentes. Si se considera el taburete como el basamento de una escultura, Rueda de bicicleta es la primera escultura móvil de la historia; pero no solo se contempla, pues exige la participación activa del espectador para hacer girar la rueda. El mismo principio participativo aparece en el *ready-made* Con ruido secreto. En este caso, se la debe mover para escuchar el sonido de su interior. Al relacionar algunos *ready-made* con el movimiento, se los asocia con la poética del futurismo y del arte cinético posterior.

Algunos autores han vinculado el *ready-made* a la alquimia. Dado que esta busca la transformación en oro de los metales sin valor, el *ready-made* buscaría la transformación de los objetos comunes en obras de arte. Particularmente, puesto que la rueda es uno de los emblemas de la alquimia, algunos autores (A. Schwarz, M. Calvesi) han interpretado a *Rueda de bicicleta* a partir de ella.

Pharmacie [Farmacia], 1914

- Gouache sobre cromolitografía.
- Edición original de tres copias; edición de 100 reproducciones numeradas y firmadas, 1945.
- **DIMENSIONES:** 26,2 × 19,2 cm
- **OBSERVACIONES:** Duchamp se apropia de una litografía sin interés plástico particular que representa un paisaje otoñal; abajo a la izquierda aparece la firma en mayúscula del artista llamado "SUEN" que la hizo. Duchamp aplica dos manchas de color casi imperceptibles, una amarilla y la otra roja, y escribe con mayúsculas a la derecha de la firma anterior "PHARMACIE. MARCEL DUCHAMP. 1914".

La obra resultante aparece como una obra realizada y firmada por dos artistas. En otras ocasiones, Duchamp firma sus obras con su *alter ego*, Rrose Sélavy (fonéticamente: Rosa es la vida o Eros es la vida).

In advance of the broken arm [En previsión del brazo roto], 1915

- Pala de nieve.
- Original perdido; segunda versión por Duchamp para la Yale University Art Gallery; tercera versión de Ulf Linde, Estocolmo, 1963; cuarta versión realizada por la Galleria Schwartz, Milán, edición de 8 réplicas numeradas y firmadas, 1964.
- **DIMENSIONES:** 132 × 35 cm
- **OBSERVACIONES:** Es un *ready-made* "puro": solo figura la inscripción manuscrita *In advance of the broken arm*, su firma y la fecha. Es el primer objeto en el que aplica el término *ready-made*.

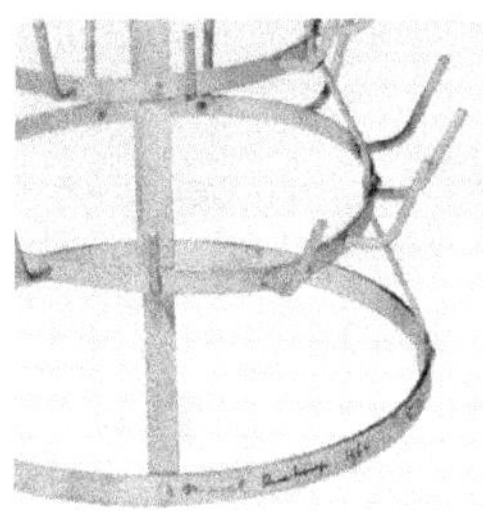

Porte-bouteilles (o Egouttoir o Hérisson) [Portabotellas (o Escurridor o Erizo)], 1914

■ Hierro galvanizado.

■ Original perdido; primera versión expuesta en Exposition Surréaliste d'Objets, 1936; segunda versión realizada por Ulf Linde, Estocolmo, 1961, destruida; tercera versión realizada por Ulf Linde, Estocolmo, 1975; cuarta versión realizada por la Galleria Schwarz, Milán, edición de 8 réplicas numeradas y firmadas, 1964.

■ **DIMENSIONES:** 36,5 cm de diámetro; 57 cm de altura.

■ **OBSERVACIONES:** *Portabotellas* es el *ready-made* más "puro", dado que no tiene modificaciones con respecto a los porta botellas que podían ser adquiridos en cualquier negocio de artículos del hogar de la época. En una carta a su hermana Suzanne, aclara que no tenía ninguna intención de utilizar el artefacto para secar botellas: "Lo compré como una escultura ya hecha". Nunca llegó a darle un título y se lo termina denominando *Portabotellas* o *Escurridor* (o por semejanza formal, *Erizo*).

La idea del *ready-made* aún no estaba conceptualizada, era una intuición. Sin embargo, ya era un objeto que se señalaba a sí mismo, que no evocaba nada: era una presencia tautológica. Cuando Duchamp dejó París, su hermana tiró a la basura el *Portabotellas* y *Rueda de bicicleta*.

Peigne [Peine], 1916

■ Peine de hierro para perros con inscripción en blanco a lo largo del borde: *3 ou 4 gouttes de hauteur n'ont rien a faire avec la sauvagerie; M. D. Feb. 17 1916 11 A.M.* [3 o 4 gotas de altanería no tienen nada que ver con la barbarie; M. D. Feb. 17 1916 11 A.M.].

- **DIMENSIONES:** 16,6 × 3,2 cm
- **COLECCIÓN:** Philadelphia Museum of Art.
- **OBSERVACIONES:** En este caso, la función del título del *ready-made* es que el objeto se nombre a sí mismo (como en el caso del Portabotellas). Pero la inscripción es críptica como en tantas otras obras. El peine podría ser una alusión a su utilización por los pintores cubistas, en particular Braque y Picasso para representar las vetas de la madera.

...*pliant, ...de voyage* [...plegable, ...de viaje], 1916

- Funda para máquina de escribir marca Underwood.
- **DIMENSIONES:** 22 × 25 × 40 cm
- Original perdido; segunda versión Ulf Linde, Estocolmo, 1962; tercera versión realizada por la Galleria Schwarz, Milán, edición de 8 réplicas numeradas y firmadas, 1964.
- **OBSERVACIONES:** Es el único *ready-made* blando, o bien, la primera "escultura blanda" en la historia del arte. Se asemeja a una falda de mujer que podría ser una señal personal a Beatriz Wood, amiga íntima de Duchamp. Sería otro *ready-made* que hace referencias autobiográficas.

A bruit secret [Con ruido secreto], 1916

- Ovillo de hilo fijado entre dos planchas de bronce por cuatro tornillos. En la superficie hay una inscripción con palabras en inglés y francés ilegibles por la supresión de algunas letras. En el interior del ovillo hay un objeto, desconocido por Duchamp, colocado por el coleccionista Walter Arensberg. Si se agita la obra, el objeto hace ruido. Esto determinó el título de la obra.
- **DIMENSIONES:** 12,9 × 13 × 11,4 cm
- **COLECCIÓN:** Philadelphia Museum of Art.
- **OBSERVACIONES:** Como en el caso de la obra L.H.O.O.Q., a Duchamp le interesa la sonoridad del juego de palabras. Con ruido secreto es la primera obra no solo visual: si se la sacude interviene el sonido (o sea, exige ser manipulada lúdicamente para que su título adquiera sentido). Es un ready-made realizado con la

intervención de una tercera persona como: un farmacéutico en Aire de París, la hermana de Duchamp en *Ready-made desdichado*, o un carpintero en *Puerta, 11 rue Larrey*.

Apolinère enameled [Apolinère esmaltado], 1916-17

■ Lápiz sobre una imagen publicitaria sobre cartón del esmalte marca Sapolin, placa de zinc pintada.

■ **DIMENSIONES:** 24,5 × 33,9 cm

■ **COLECCIÓN:** Philadelphia Museum of Art.

■ **OBSERVACIONES:** Es una alteración gramatical de la marca industrial para señalar la similitud entre el nombre del poeta y crítico de arte francés, Guillaume Apollinaire (1880-1918), que había escrito sobre Duchamp. Aparece también un texto críptico donde se mezcla el francés y el inglés. Es un *ready-made* rectificado que hace una alusión indirecta a la pintura en general, así como *L.H.O.O.Q.* es una referencia directa a una obra maestra determinada: *La Gioconda*.

Woolworth Building [Edificio Woolworth]*, 1916*

■ En 1916, el edificio más alto del mundo era el Woolworth y estaba recién construido, o sea que era, conceptualmente, un *ready-made*. Duchamp pensó en firmarlo, pero finalmente abandonó el proyecto.

■ **OBSERVACIONES:** El Woolworth es un bien inmueble, o sea que Duchamp no puede cambiar su contexto, operación que utiliza con sus *ready-made*. En este caso solo hay una intensión que no se lleva a cabo. Es, sin embargo, el primer antecedente de las acciones que posteriormente se denominaron "señalamientos", realizadas en el marco del conceptualismo y el arte de acción.

Pince á glace [Pinza para hielo], c. 1916

■ **OBSERVACIONES:** Tal como el edificio Woolworth, este es un proyecto abandonado. Duchamp escribe en la *Caja verde*: "Acheter un pince á glace comme *ready-made*" [Comprar una pinza para hielo como *ready-made*].

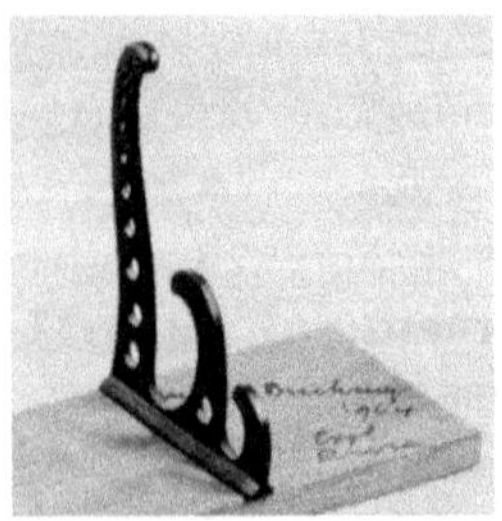

Trébuchet [Tropezón], 1917

- Perchero para pared de metal y madera fijado al piso.
- **DIMENSIONES:** 11,7 × 100 cm
- Original perdido; segunda versión realizada por la Galleria Schwarz, Milán, edición de 8 réplicas numeradas y firmadas, 1964.
- **OBSERVACIONES:** No hay ningún agregado al perchero. Solo su cambio de ubicación altera la función para la que fue hecho. El título indica la "nueva función" del objeto: ser una trampa a la lógica espacial con la que fue concebido. Son similares los casos de Fountain, de *...pliant, ...de voyage*, y de otros.

Fountain [Fuente], 1917

- Urinario de porcelana con inscripción: "R. Mutt 1917".
- **DIMENSIONES:** 62,5 × 40 × 50 cm
- Original perdido; segunda versión realizada por Sidney Janis Gallery, Nueva York, 1950; tercera versión realizada por la Galleria Schwarz, Milán, edición de 8 réplicas numeradas y firmadas, 1964.

Fountain [Fuente], 1938

- Modelo reducido de urinario para *Boîte-en-valise*, cartón encolado, armadura metálica, pintura.
- **DIMENSIONES:** 4,5 × 6 × 8 cm
- **COLECCIÓN:** Tokoro Gallery, Tokio.

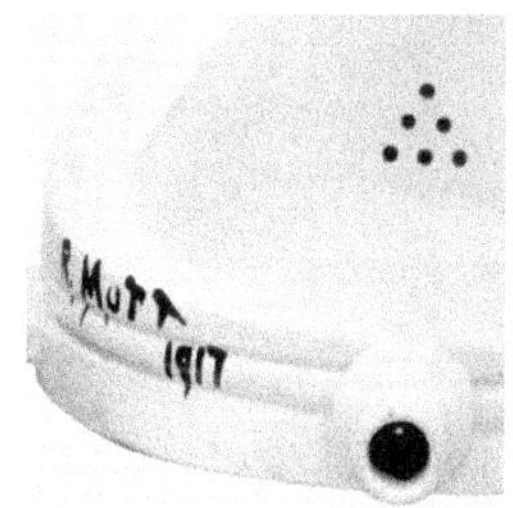

Fountain [Fuente], 1938

- Primera versión para *Boîte-en-valise*, cerámica vitrificada.
- **DIMENSIONES:** 4,5 × 6 × 8 cm
- **COLECCIÓN:** Tokoro Gallery, Tokio.
- **OBSERVACIONES:** En 1917, en Nueva York, Duchamp es uno de los miembros fundadores de la Sociedad de artistas independientes, inspirada en el Salón de los independientes, de París. Cualquiera puede participar en la exposición si paga 6 dólares. Bajo el pseudónimo R. Mutt, paga los 6 dólares y presenta un urinario con la fecha y la firma, que es rechazado por el jurado y no figura en el catálogo. A pedido de Duchamp, el fotógrafo Alfred Stieglitz toma una foto que será publicada en la revista *The blind man* [El hombre ciego], donde se denuncia el hecho (Duchamp es uno de los editores). El *ready-made Fuente* es la primera operación donde se pone en juego la definición de la obra de arte y el papel de las instituciones artísticas. Todos los *ready-made* posteriores participan de esta problemática.

Porte-chapeaux [Portasombreros], 1917

- Portasombreros de madera.
- **DIMENSIONES:** 23,5 × 14 cm
- Original perdido; segunda versión realizada por la Galleria Schwarz, Milán, edición de 8 réplicas numeradas y firmadas, 1964.
- **OBSERVACIONES:** Tal como *Trébuchet* hay un cambio de ubicación. En este caso, el objeto está suspendido del cielo raso y por lo tanto es inalcanzable.

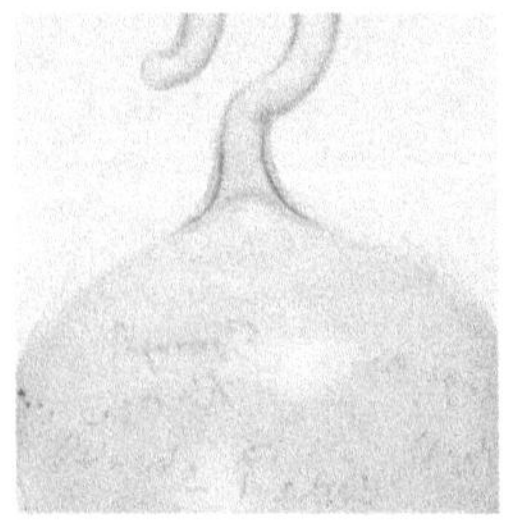

Air de Paris [Aire de París], 1919

- Ampolla de vidrio de 50 cm³
- **DIMENSIONES:** Altura: 13,3 cm; diámetro: 6 cm
- Original roto y réplica reparada, 1949.
- **COLECCIÓN:** Philadelphia Museum of Art.
- **OBSERVACIONES:** La ampolla fue comprada en una farmacia de París. Es un *ready-made* rectificado y mínimo: Duchamp solo hizo vaciar el contenido original de suero de la ampolla para permitir la entrada de aire. Fue concebido para hacer un regalo a su amigo, el coleccionista norteamericano Walter Arensberg, que había vivido varios años en París (hay otros ejemplos de *ready-made* creados para regalar, como Chaleco).

L.H.O.O.Q., 1919

- Dibujo a lápiz de perilla y bigote sobre una reproducción de *La Gioconda* de Leonardo.
- **DIMENSIONES:** 19,7 × 12,4 cm

Segunda versión realizada por Louis Aragon: 64,7 × 48,2 cm

- **OBSERVACIONES:** La intervención de Duchamp en una reproducción impresa es mínima y mediocre. El dibujo a lápiz sobre la imagen emblemática de Leonardo es un primer enunciado visual; la inscripción bajo la imagen, un segundo enunciado lingüístico-sonoro. Pronunciado en francés, L.H.O.O.Q. se escucha: "Elle a chaud au cul" (Ella tiene caliente el culo), lo que aumenta la profanación (del aura) de la obra maestra reproducida (o sea, enunciada institucionalmente por el Musée du Louvre que la posee y expone). *L.H.O.O.Q.* y *Fountain* son los *ready-made* más cercanos a las provocaciones dadaístas de Duchamp. Ambas obras, decididamente iconoclastas, son ejemplos de cómo el "antiarte" es recuperado y valorizado como arte por las instituciones artísticas. Se podría considerar que *L.H.O.O.Q.* es un antecedente de la época de los *graffiti* hechos un día en el subterráneo y borrados o recubiertos al día siguiente. En 1965, Duchamp realiza una nueva versión que denomina *L.H.O.O.Q. rasée* (L.H.O.O.Q. afeitada).

Ready-made *malheureux* [*Ready-made* desdichado], 1919

- Libro de geometría para ser colgado a la intemperie.
- Original destruido.
- **DIMENSIONES:** desconocidas.
- **OBSERVACIONES:** Duchamp envió por correo a su hermana desde Buenos Aires instrucciones para suspender un libro de un cordel a la intemperie. Era un regalo para su casamiento. Su hermana siguió la información escrita y le tomó una foto. Es el único documento existente, además de las declaraciones de Duchamp a Pierre Cabanne y a Otto Hahn.

Es interesante destacar que Duchamp solo concibe la obra y es otra la persona que posteriormente la interpreta y realiza. El envío por correo constituye también un antecedente del *Mail Art*. Otro aspecto importante es que el *ready-made* está programado para autodestruirse (el título de la obra podría aludir a ese "suicidio").

Belle Haleine, Eau de Violette [Hermoso aliento, Agua de violeta], 1921

- Frasco de perfume marca *Rigaud*, etiqueta con imagen de Duchamp personificando a Rrose Sélavy, fotografía por Man Ray, caja oval original.
- **DIMENSIONES:** 15,2 × 16,3 × 11,2 cm
- **OBSERVACIONES:** En 1920, Man Ray toma una fotografía de Duchamp disfrazado de mujer, su alter ego femenino bautizado Rrose Sélavy (fonéticamente "rosa es la vida" o bien "Eros es la vida"). En el frasco de perfume aparece la imagen fotográfica y las iniciales R. S. como la nueva marca de perfume. En el embalaje del frasco firma Rrose Sélavy, agregando una segunda "r".

Why not sneeze, Rose Sélavy? [¿Por qué no estornudar, Rose Sélavy?], 1921

■ 152 cubitos de mármol con forma de terrones de azúcar, termómetro, hueso de sepia, jaula para pájaro pintada de blanco.

■ Segunda versión por Ulf Linde, Estocolmo, 1963; tercera versión realizada por la Galleria Schwarz, Milán, edición de 8 réplicas numeradas y firmadas, 1964.

■ **COLECCIÓN:** Philadelphia Museum of Art.

■ **OBSERVACIONES:** Es el *ready-made* más "rectificado" que exista. Sólo la jaula y el termómetro son objetos ya confeccionados; los cubitos de mármol son imitaciones de terrones de azúcar realizados *ad hoc* por un artesano (¿es una alusión al cubismo?). Si se levanta la jaula se descubre que los "terrones" son excesivamente pesados para ser de azúcar. La obra no es solo visual, "exige" ser manipulada para que se sienta el peso, tal como en *A bruit secret* es necesario sacudir la obra para que se escuche el sonido.

Porte, 11 rue Larrey [Puerta, calle Larrey 11], 1927

■ Puerta de madera realizada por un carpintero según las especificaciones de Duchamp.

■ **DIMENSIONES:** 220 × 62,7 cm

■ **OBSERVACIONES:** La puerta es un elemento de la arquitectura que posee un valor simbólico particular en tanto establece una relación entre el exterior y el interior: cierra y separa o abre y une. Entre 1927 y 1942, Duchamp vivió en París, en un pequeño departamento. Para ganar espacio, hizo instalar una puerta entre el dormitorio, el baño y el estudio. Realizada por un carpintero según el diseño de Duchamp, cuando cerraba una habitación abría el paso entre las otras dos. Era paradojal, pues estaba abierta y cerrada al mismo tiempo. Desde 1963, se exhibió en el circuito del arte como un objeto independiente, o sea, que dejó de ser un elemento móvil estrictamente funcional de la arquitectura. Así como el título de Porta botellas indica que se trata de un portabotellas, el título de *Puerta, calle Larrey 11* indica que se trata de una puerta. Sin embargo, ninguno de los dos pertenece a la categoría de objetos útiles.

Boîte-en-valise* [Caja en valija], 1935-1941

■ Es una edición de 300 ejemplares de modelos reducidos bi y tridimensionales, de sus creaciones realizadas con paneles deslizantes dentro de una caja. Hay una reproducción del Gran vidrio impresa en celuloide, tres réplicas en miniatura de Aire de París, Fuente, y …plegable, …de viaje; fotografías de otros *ready-mades*, reproducciones de pinturas, dibujos, discos ópticos, juegos de palabras. De esta obra también existe una edición de lujo con una tirada de 20 ejemplares de las cajas en valijas de cuero con una obra original. Dentro de los 300 ejemplares hay series, cuyas medidas difieren. En general, las dimensiones son de 40 × 38 × 9 cm.

■ **OBSERVACIONES:** La primera caja realizada por Duchamp es de 1914; la segunda es la *Caja verde*, de 1934; y esta es la tercera. (Realizará una cuarta en 1967 llamada *Boîte Blanche* [Caja blanca], en una edición de 150 ejemplares numerados y firmados, que contiene notas del período 1912-1920 y una serigrafía). La *Caja en valija* es una suerte de museo portátil con una exposición retrospectiva de las obras que Duchamp consideraba más significativas. La caja abierta y sus compartimentos desplegados constituyen una instalación en tres dimensiones. La disposición de cada elemento fue diseñada por el propio Duchamp y constituye un comentario acerca de las relaciones entre sus obras. Se puede considerar que las cajas son un antecedente de la categoría "libro de artista".

* Esta obra, *Caja en valija*, no es un *ready-made*, pero contiene modelos reducidos de *ready-made*.

Gilet [Chaleco], 1958

■ Chaleco de lana verde con cinco botones con las letras "Teeny".

■ **DIMENSIONES:** 60 × 30 cm

■ **COLECCIÓN:** Alexina Duchamp.

■ **OBSERVACIONES:** Es un *ready-made* realizado para regalar (como Aire de París). Se trata del sobrenombre de Alexina Matisse, esposa de Duchamp. Hay otras versiones con otros nombres en los botones: "Sally", "Betty" y "Peret". Este último, del poeta surrealista Benjamin Peret, que fue rematado en París en 1959 a su beneficio. Es el único *ready-made* que puede ser utilizado como indumentaria. Dado que el chaleco es de confección y los botones con letras son un agregado para personalizarlo, se lo puede considerar un *ready-made* rectificado.

Eau & gaz á tous les étages [Agua y gas en todos los pisos], 1959

- Chapa esmaltada con letras blancas sobre fondo azul, adherida a la tapa de la edición de lujo de Sur Marcel Duchamp de Robert Lebel, París, 1959.
- **DIMENSIONES:** 15 × 20 cm
- **COLECCIÓN:** J. J. Lebel, París.
- **OBSERVACIONES:** No es un "verdadero" *ready-made*, sino una imitación de las chapas fijadas en la caja de ascensor de los edificios de departamento de París hacia fines del siglo XIX. Esta obra también hace referencia a otras dos: el Gran vidrio y a su antítesis, que aún permanecía secreta, *Étant donnés: 1. la chut d'eau 2. le gaz d'éclairage* [Dado: 1. el salto de agua 2. el gas de alumbrado].

L.H.O.O.Q. rasée [L.H.O.O.Q. afeitada], 1965

- Reproducción de La Gioconda del tamaño de un naipe (8,8 × 6,2 cm), sin perilla ni bigote sobre un cartón blanco, escrito de puño y letra por Duchamp *L.H.O.O.Q. rasée*, además de su firma. Tirada de 100 ejemplares.
- **DIMENSIONES:** 21 × 13,8 cm
- **COLECCIÓN:** The Museum of Modern Art, New York.
- **OBSERVACIONES:** En 1919, Duchamp dibuja perilla y bigote sobre una reproducción de *La Gioconda*, y la denomina *L.H.O.O.Q.*; después de 45 años realiza *L.H.O.O.Q. rasée*. O sea, que al primer *ready-made* le sigue el segundo, que sin el agregado de la perilla y el bigote "se parece" al original de Leonardo. La obra fue utilizada como invitación a la exposición "Not seen and/or less seen of/by Marcel Duchamp/Rrose Sélavy 1904-1964, Mary Sisler Collection", en la Galería Cordier & Ekstrom, Nueva York, enero de 1965.

Sobre el autor

Horacio Zabala (Buenos Aires, 1943)

Artista y arquitecto (UBA). Reside en Roma, Viena y Ginebra entre 1976 y 1998, año en que regresa a Buenos Aires.

Realiza su producción artística a partir de lenguajes visuales mínimos y medios heterogéneos. Con ellos, interroga, desvía y pone en relación informaciones y ficciones contemporáneas desde la imagen, la palabra, el signo y el objeto.

En 1967 realiza su primera muestra individual y en 1972 publica su primer texto teórico. Hasta el presente cuenta con 40 exposiciones individuales en América y Europa. Las más recientes: *Reiterations*, en Henrique Faria Fine Arts, Nueva York (2012) y *Otras cartografías*, en Galería 11 × 7, Buenos Aires (2011). Entre las exposiciones colectivas recientes, participa en *Ends of the Earth: Art of the Land to 1974*, Museum of Contemporary Art, Los Angeles (2012); *Palabras, imágenes y otros textos*, Museo de Arte Moderno, Buenos Aires (2012); *Cuatro: Leandro Katz, David Lamelas, Marta Minujin, Horacio Zabala*, Galería 11 × 7, Buenos Aires (2012); *Realidad y utopía. Trayectoria artística de la Argentina desde el presente*, Akademie der Künste, Berlín (2011); *Some thought on Argentine in the 1970s. Historizing the Political in the art of Benedit, Paksa, Romero and Zabala*, Slought Foundation, Philadelphia (2011); *Sistemas, acciones y procesos. 1965-1975*, Fundación Proa, Buenos Aires (2011).

En 1998 publica *El arte o el mundo por segunda vez*, Rosario, UNR editora; en 2000, junto con Luis Felipe Noé, *El arte en cuestión. Conversaciones*, Buenos Aires, Adriana

Hidalgo editora; en 2008, *Vademecum para artistas. Observaciones sobre el arte contemporáneo*, Buenos Aires, Asunto Impreso.

En 1975 comparte con el Grupo de los 13 la Medalla de Oro Paz '75 en el XXX Aniversario de las Naciones Unidas, celebrado en Slovenj Gradec, ex-Yugoslavia. En 2004 se le otorga el Premio Adquisición del LVIII Salón Nacional de Rosario y en 2005 el Gran Premio Adquisición del Salón Nacional de Artes Visuales en la disciplina Nuevos soportes e instalaciones.

Sus obras están presentes en colecciones públicas y privadas: Museo Nacional de Bellas Artes, Buenos Aires; Museo de Arte Moderno, Buenos Aires; Museu de Arte Contemporânea da Universidade de São Paulo, São Paulo; Tate Modern, Londres; The University of Iowa Museum of Art, Iowa; Museo de Arte Contemporáneo de Rosario, Rosario; Museo de Arte Latinoamericano de Buenos Aires, Buenos Aires; University of Essex Collection of Latin American Art, Colchester; Museo Nacional Centro de Arte Reina Sofía, Madrid; Museo de Arte y Memoria, La Plata; Middlesbrough Institute of Modern Art, Middlesbrough; Colección Mauro Herlitzka, Buenos Aires; Colección Mario Perniola, Roma; Colección Fundación Alon, Buenos Aires; Cisneros Fontanals Art Foundation, Miami; Daros-Latinamerica Collection, Zürich.

www.ingramcontent.com/pod-product-compliance
Lightning Source LLC
Chambersburg PA
CBHW050558160726
48003CB00002B/944

HUSBAND
LOGIC

WHY WE THINK THE WAY WE DO

WALTER WILLIAMS

DEDICATION

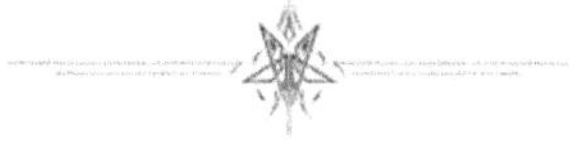

To my wife and children, who continue to challenge me, grow with me, and remind me why this work matters, and to the many men whose honest conversations about life and marriage helped shape the perspective in these pages.

CONTENTS

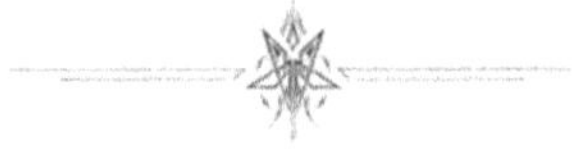

A NOTE
BEFORE WE BEGIN

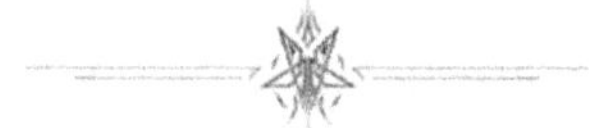

Before we go any further, I want to be clear about something. I'm not a licensed relationship counselor, therapist, or subject-matter expert on marriage. What you'll read in these pages isn't clinical research or professional counseling advice.

What it is, however, is experience. I've spent nearly two decades navigating the realities of a committed relationship, earning, adjusting, failing, growing, and trying again. Like most husbands, I've had moments where I got it right and moments where I completely missed the mark. Over time, those experiences start to reveal patterns: how men process things, how we react under pressure, how we withdraw, reconnect, and slowly learn to grow within a relationship.

This book is built on those observations. It reflects my perspective, my experiences, and the countless conversations I've had with other men who wrestle with many of the same thoughts, emotions, and challenges inside their marriages. So this isn't a rulebook, and it certainly isn't the final word on relationships. Think of it more as a window into how many husbands think. It is an honest attempt to explain the internal logic behind behaviors that sometimes confuse the women we love. My hope is that these insights help couples understand each other a little better, communicate a little more clearly, and stay connected even when the signal gets fuzzy.

INTRODUCTION

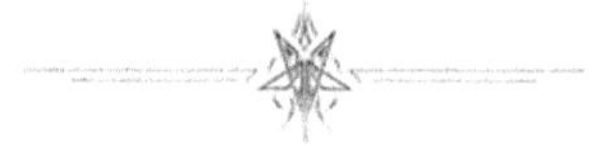

Men think differently, not incorrectly, not slowly, not carelessly, just differently. Half the time, the only reason it seems confusing is because our logic doesn't always come with subtitles. From the outside, we might look calm, quiet, or even checked out. But internally? There's a whole system running. Tabs are open everywhere. Emotions are loading in the background. Logic is processing at its own pace. It just doesn't always show on our face.

Welcome to *Husband Logic*, the internal operating system most men use but rarely talk about.

Think of it like a remote control. We adjust settings constantly:

- Turning the volume down when we're overwhelmed.
- Hitting mute when we're trying to avoid saying the wrong thing.
- Losing signal when stress overloads us.
- Pressing pause when we need space.
- Hitting rewind to rethink something we wish we'd handled differently.
- Switching to play when we're ready to fully show up again.

It's not that we're complicated. It's that we're running an entire marriage, life, and identity through a system that was never fully explained to you or to us. Women often communicate through expression, while men often communicate through function. She wants connection. He wants clarity. She needs to talk. He needs to process. She reads emotions like a book. He reads a room like a weather forecast, checking for storms, pressure changes, or safe skies.

Neither way is wrong. They're just different channels broadcasting the same love.

This book is here to decode that. Not to criticize men and not to blame women. Instead, it shines a light on the logic behind the behavior, the quiet calculations, the unspoken fears, and the pressure we carry but rarely articulate.

You're going to learn why husbands go silent, why we snap, why we shut down, why we overthink, and why we sometimes under-communicate. You'll see the reasoning behind decisions that look confusing from the outside but make perfect sense inside our minds.

Most importantly, you'll see that behind Husband Logic is a man who cares deeply, loves intensely, and genuinely wants to get it right, even when his settings look all wrong.

This is the behind-the-scenes look. This is the manual no one ever printed. This is *Husband Logic: Why We Think the Way We Do.*

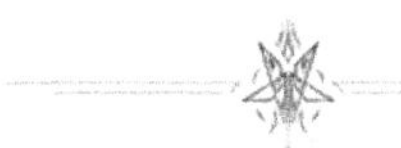

PART I

THE FOUNDATIONS OF HUSBAND LOGIC

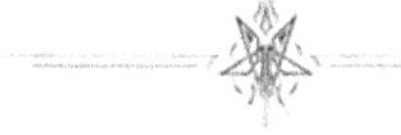

Before we can decode how husbands love, communicate, and react, we have to understand the *system underneath.*

Every man, no matter his personality, operates from an internal framework that shapes how he processes marriage. Before a husband can be understood, his *system* has to be understood. Before the chapters make sense, the *framework* has to be clear. Before we decode the behavior, we have to decode the *engine* behind it.

This is the part of the book where women say, "Oh… now I get him," and men say, "…finally, someone said it."

Let's go deeper.

Part I is the "installation phase."

This is where the OS uploads, the remote powers on, the mental software updates, and the real work begins. We're setting the stage for everything that comes after.

CHAPTER 1
THE POWER BUTTON: WHEN MARRIAGE TURNS ON, EVERYTHING CHANGES

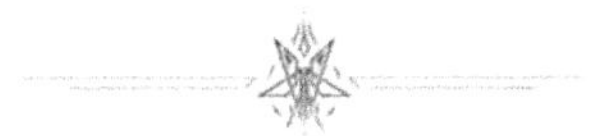

Something happens when a man shifts from being a man to being a husband. It's almost like a light switch is turned on or a button is pressed. It isn't anything dramatic or overwhelmingly obvious. It's simply a shift, and we just know it, feel it, and it triggers a sense of purpose and fulfillment.

It's somewhat similar to when we transition from a boy to a man. We know it's coming, and usually we look forward to it our whole lives. We anticipate the day we can say, "I'm a man." Then we realize that this is when the real work starts. We've been anticipating the idea of it, but now it's time to man up. That's the same feeling when we become somebody's husband. Just saying that is crazy. It's such a big deal, at least to me.

When you're just the boyfriend, it feels good and makes you feel like you can handle the thought. However, even though nothing really changes except your title, you definitely feel the gravity of it. When you're just a boyfriend, it's fun. It's easy, light, and spontaneous. The expectations are still there, but they're different. The weight is lighter in principle. It's like you know expectations still exist, but the pressure isn't nearly as heavy. The mistakes aren't as costly, and it seems like grace is extended more frequently.

The weight of being a husband is much heavier than we can ever fully anticipate. It's like you instantly become aware of the gravity, but still have no idea what you signed up for. Men don't just feel like we love our spouse; we feel ultimately responsible for her. I know I take this very seriously. I don't always express it to my wife or let her fully see it, but if I could ever give her a glimpse, which I probably won't (LOL), she'd fully understand.

My wife and I are seven years apart. There's a bit of insecurity there because I sometimes try to overcompensate for things. I feel like I have to be more than just a man. I have to be that and more. Of course, I had no idea what that actually looked like. What I did know was that, however it was supposed to look, I was in for a ride.

Most men don't talk about this internal shift because we're often not taught to express it. Sometimes we don't even have the bandwidth to fully understand that we're dealing with it. But every husband feels it. All of a sudden, we become tougher and more serious about the safety of our wives. We start thinking, "I would die for mine." This is also why we begin to think about money differently. Everything becomes heightened.

It's a vow we quietly make to ourselves, and most of the time we never communicate it out loud. The unfortunate part is that we're often not taught how to carry it. For most of us, we simply absorb it and let it overwhelm us. Obviously, that isn't the healthiest way to process things, but that's what we tend to do. We internalize it and expect our families and our wives to somehow understand.

We think keeping it close to us spares everyone else from having to carry that pressure. Inside, the thoughts run constantly: don't fail, don't fall, and most importantly, don't f@ck this up. We call this *Husband Logic.* It makes complete sense to us, but the average woman may not fully understand it.

Women often interpret this shift as distance. Let me tell you, this is one thing that's hard to fully explain. We both enter marriage with different concepts and expectations. For men, marriage often signals growing responsibility. For women, it often signals deeper conversation and emotional connection. Men usually expect a deeper sense of stability.

Neither expectation is wrong. The real question is how often that difference is actually communicated. There is an idea that often gets floated around: "You should know what I'm thinking." That always makes me laugh because why would anyone expect that from anybody? That's a recipe for disaster and confusion. We're simply tuned into different channels when the power turns on.

For most husbands, when we feel that shift, it's difficult to even describe it. A lot of times, we're left saying, "If you know, you know," or as people like to say, IYKYK. Notice how when a man is described as a husband, his posture changes and the way he answers to it changes too. We become top-flight security in the house, making sure things are safe and secure. We start doing things like walking through the house to make sure all the doors are locked.

In my head, I do that all the time. But if I'm being honest, I've also been guilty of forgetting. There have been several times when I took the dog out and left the back door unlocked. I get so embarrassed when that happens. I'm usually met with, "Oh, you just left the house wide open. You just want somebody to come in and rob us?" Most of the time, I try to joke my way out of it and gaslight my wife by saying, "What, you've never done that?" LOL! Fellas, don't do that. Your wife is especially the wrong person to try that with because, trust me, they keep score way better than we do.

Marriage, like most things that come with adulthood, doesn't come with a manual or a script. Even though we don't have one, we're men, right? We think we don't need one. We think we can just figure it out. WRONG. We often assume we can fix and figure out everything.

Now let me say this clearly: I'm not a fix-it man. That's definitely not my ministry and not my wheelhouse. I'll call someone who's an expert and actually went to school for that. They're the subject-matter expert, not me. That's what they're there for and what they're paid to do. It's a little embarrassing sometimes, but I'll usually say, "Well, at least I made sure it got handled." That's the kind of man I am.

The truth is that what many women don't fully understand about their husbands is that there's often a quiet fear running silently in the background. It repeats the same thought over and over: I hope I'm enough for her. I hope I can be what she believes I am.

I'll admit that women do a *great* job of being visionaries for their husbands. You can see things in us that we sometimes can't see in ourselves. Most of the time, that comes from love. It's the deep, masculine kind of love that doesn't always know how to express itself clearly. It's the kind of love that sometimes simply shows up in actions.

When we talk about the power button turning on, it doesn't make a man perfect. It simply makes him aware. We're good at recognizing that even if we don't allways know how to adjust right away. We just know things suddenly feel and look very different. This is also the moment when a man realizes that becoming the husband he always hoped he could be is now a lifelong task. From that point on, he begins trying to walk in that role.

There are moments when women may feel like their husbands are being controlling. What you may actually be seeing is his desire to be accountable, not just to you but also to himself. As I mentioned earlier, many of us take on the mindset that we're now responsible for our wives, not in a possessive way, but in a way that reflects pride and honor. We want you to feel safe and confident that no matter what happens, we have your best interests in mind. We're willing to do whatever it takes to protect and provide.

This is often where many misunderstandings begin. In these moments, I've sometimes said, "You don't understand. It's a man thing." A wife may interpret that as him being a jerk or as him taking things too seriously. At the same time, men often interpret a woman's need for deeper connection as another responsibility we need to understand and manage. In our minds, we're focused heavily on one thing: we can't afford to fail.

Men don't always know how to have emotional intimacy. Being open doesn't come naturally to us, mainly because of fear. We don't want our vulnerability and openness to blow up in our face later on. When the power button turns on, men begin to see everything differently. Arguments feel heavier. Decisions feel more permanent. Mistakes feel more costly. His own shortcomings feel magnified. His need to succeed in love, leadership, and partnership becomes louder.

As that awareness grows, something else begins to emerge, a subtle pressure men rarely admit. He starts measuring himself. Every man does this in marriage. He measures himself against the husband he hopes to be, and against the father he plans to become. He compares himself to the examples he saw, or never saw, growing up. He also measures himself against the version of himself he promised her on the day he slipped the ring on her finger.

Let's pause for a moment and let that thought breathe. That day was one of the scariest moments of my life. I remember standing at the altar among family and friends, all of them witnessing me make promises and declare my love for my wife. I'll never forget saying "I do" to a question the officiant didn't even ask. It was something like, "Have you accepted Jesus?" and I responded, "I do." We hadn't even gotten to the vows yet, and there I was jumping the gun. I was a nervous wreck. But the point I'm making is that something comes over you in that moment. You want to make sure your wife and everyone watching know that you're taking this very seriously.

We all laughed and moved on, but I wanted to highlight that moment because a sudden boldness came over me. Anyway, back to the point I was making. A woman may see a quiet man sitting on the couch with a remote in his hand, flipping through channels. But inside that same man, a hundred thoughts may be running at once: *Am I doing enough? Am I leading well? Does she feel loved? Am I providing? Does she trust me? Am I living up to my word?*

I've been married for 18 years now, and one of the most common thoughts that crosses my mind is whether I'm truly enough. In our own minds, we may believe we're doing our best, but we still wonder if she feels the same way. Most of the time, if you're a good husband, she'll know it. And honestly, you would know if you weren't.

This inner dialogue rarely makes its way out of a man's mouth. Not because he wants to hide, but because he doesn't want to burden anyone. He doesn't want to appear unsure. He doesn't want to look like he's failing before he even begins. Men have often been taught that love is proven through strength. The truth, however, is that love is often proven through honesty, and honesty takes time to learn.

In the early stages of marriage, husbands often carry more than they express. They love deeply, but quietly. They think constantly, but silently. They feel everything, yet reveal only a fraction.

This chapter is about that shift and that awakening. It's about the moment when a man becomes a husband, not just in title but in identity. When the power button turns on, a man begins the lifelong process of becoming someone worthy of that title, someone worthy of that trust, and someone worthy of the woman standing beside him. That process, as messy, quiet, and imperfect as it can be, is where *Husband Logic* begins.

CHAPTER 2
THE HUSBAND OPERATING SYSTEM

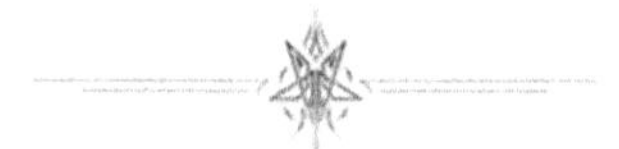

Every husband has his own way of thinking and his own way of processing things. Most men are built similarly, but we all run different versions of the same system. Some of us are unwilling to update the way we think. Our inner logic doesn't always translate into the perfect words. We're often trained and coached to keep things to ourselves, keep our emotions to ourselves, and ultimately figure things out through our own reasoning.

Men don't like to waste energy, whether it's mental or emotional. The feeling that time is being wasted is one of the most frustrating things for us. Many times, I find myself, even in my own personal situations, thinking, "Why am I wasting my time talking about or emotionally unpacking something when I don't even have a clear path to a resolution yet?" So we do the thing that I believe most women hate. We pull back and say less.

What we often don't realize is that our silence can actually make the situation worse. When we stay reserved and quiet about what's really going on, or about what we should be communicating, it often leads wives to create their own narratives, which may be false. They begin to write and produce entire storylines in their heads that, in our minds, simply don't exist. I'm sure this also makes women feel like there's a lack of involvement or investment. What we think we're doing is damage control. In reality, we're often causing more damage than preventing it.

I'll be honest. I'm not great at conflict resolution. In fact, I HATE it. One of the reasons I dislike it so much is that I understand that, for many people, perception becomes reality. So most of the time, we're not afraid to address conflict. We're simply afraid that the conversation will be unproductive.

This is the moment when both people stop truly listening. We're both talking, words are coming out, but none of them are really landing. The focus often shifts to tone, or to questions like, "Why are you talking to me that way?" Personally, I tend to avoid conflict because I don't want to be misunderstood. Ironically, I still end up being misunderstood sometimes. More than anything, my goal is usually just to be understood.

Because of that, I often retreat into my shell and shut down. In my mind, nothing will be accomplished if both parties aren't open to listening. At that point, nobody is really listening anyway. Both parties are trying to make their point and be understood.

During those moments, our brains often start scanning the situation and thinking, "I know we've had this conversation before." Then another thought follows: "How successful were we the last time we were here?" As I mentioned earlier, we don't like wasting time and energy.

We can be having a conversation with you while, in our minds, we're already sitting on the couch watching television. At that point, we've mentally checked out. I've been in heated conversations where, in my head, I've already planned my weekend, balanced my checkbook, and moved on to the next task that needs attention.

In our operating system, we don't like loops. A loop is when it feels like we're repeating the same conversations, events, or moments over and over again. When that happens, our system overheats and shuts down. I can't fully explain it. I guess it's just part of our wiring. We don't like having to repeat and explain things again.

For example, my wife sometimes asks the dreaded question, "What are you thinking about?" or "What's on your mind?" My usual response is, "Nothing. Why do you ask?" The truth is that there's always something on our minds. We're always thinking about something. We just might not want to share it in that moment because we're not ready to talk about it yet.

We're constantly processing so many things internally. Giving someone access to all of those thoughts can feel like a waste of time if we haven't even figured out what they mean or how we're going to act on them. Because of this, many men often feel misunderstood.

From the outside looking in, it may look like withdrawal or disinterest. It may seem like we're not interested in opening up about our feelings. In reality, we're often just trying to process everything running inside our system.

The operating system also tracks patterns. Men pay more attention than they're often given credit for. We notice reactions, timing, tone changes, and the way certain words seem to land. We may not always respond gracefully, but we log it quietly, like mental notes filed under headings only we can see: "Don't say it that way again." "Bringing that up late at night doesn't go well." "That subject is still raw." "She really needed me to listen there, not fix."

We may not say, "I see you," in those moments, but we do see. We just store it. Over time, those stored memories shape how we move, what we avoid, what we lean into, what we tiptoe around, and what we decide is safe.

If you could see the mental dashboard of a husband in real time, it wouldn't look empty. It would look crowded. Warnings, reminders, hopes, fears, responsibilities, and to-dos would all be blinking quietly in the background. He's not just thinking about the conversation in front of him. He's thinking about work, money, the kids, his own fatigue, her emotional state, and whether this moment will bring them closer or push them further apart.

A truth most husbands don't like to admit is this: we don't always give women enough credit for how much they could help us. Not because they aren't capable, but because we've built a system that convinces us they wouldn't understand even if we tried to explain. We walk around with mental weight that doesn't show up in our words, responsibilities that don't make it into conversation, fear that stays hidden behind humor, and stress that never reaches the surface. We've trained ourselves to believe that this load is ours to carry alone.

For most men, humor becomes our shield. I know I rely on it often. Finding ways to keep things light and easy helps me navigate difficult moments. It's one of the most misunderstood parts of a husband's mind. Much of our energy goes into managing pressure. We're often more emotional than we want to admit, but we manage those emotions so tightly that they rarely turn into open conversations.

Many men silently keep score through internal scorecards that measure whether we're showing up the way we promised we would. The funny part is that there's a list that exists that no one sees, not even our wives. My wife, for example, is known for making lists. She's very task-oriented and always has a checklist.

What she doesn't realize is that men often have similar lists. The concept is the same. We just don't usually write them down like she does.

Our internal checklist often looks something like this: Did I handle that bill? Am I providing enough? Did I listen well yesterday? Did I miss something important? Is she okay? These questions don't come out as speeches. Sometimes they show up as fatigue.

To most wives, it may look like he's mentally gone. Sometimes that's partly true. But other times, what's needed is simply someone noticing the pressure in the room, reading the moment, or recognizing the facial expressions we don't always explain. For the man, it often feels like he's mentally on call twenty-four hours a day.

A husband's operating system rarely shuts off. We may not be talking, but the apps are still running in the background. Even during moments of rest, his mind is scanning, thinking ahead, preparing for what's next, anticipating problems, and trying to stay one step ahead of chaos.

That's why many men struggle to fully relax, even on vacation, even on weekends, and even in bed. Rest requires permission, and most husbands don't know how to give themselves that permission. Somewhere deep inside, a voice says, "If you're resting, something might be slipping."

So he stays alert. He stays aware. He stays "on."

That constant alertness slowly shapes how he connects emotionally. He becomes more measured, more controlled, and more reserved. Not because he wants to be distant, but because his system believes that distance equals safety. Safety equals stability. Stability equals success.

This is why men often appear calm in moments when women expect more emotion. It's not that he doesn't feel it. It's that his system is prioritizing steadiness over expression. A husband believes his greatest contribution is dependability. He may not always say the right thing, and he may not always express himself well, but he wants to be reliable.

To a man, reliability is love.

Another layer of the operating system is emotional memory. Men don't forget emotional consequences. If a man opens up once and feels misunderstood, dismissed, or criticized, his system stores that experience like a warning label. It's very important to understand that when men share and feel criticized, they take that into consideration the next time they open up. This isn't usually out of bitterness. It's out of self-protection.

The next time, he shares less. He filters more. He guards himself more carefully. Women often interpret this as emotional closing, while men experience it as emotional learning. He's adjusting based on past outcomes. That's why trust matters so much when it comes to male vulnerability. When a husband feels emotionally safe, his system loosens. When he feels unsafe, it tightens. It's automatic, not conscious, and not malicious. It's simply learned behavior.

Many men don't even realize they're doing it. They just know that being open feels risky, and risk is something the husband's mind tries to minimize. The hidden struggle, however, is that minimizing emotional risk can also minimize emotional closeness. When a man constantly protects himself from discomfort, he may also protect himself from deeper connection.

As a result, he often lives somewhere in the middle. Not fully closed, but not fully open either. He remains functional, responsible, and present, but sometimes emotionally unreachable. That middle space can be lonely. Men rarely talk about that loneliness. Not because it isn't there, but because many of them don't have the language for it.

A man can be surrounded by family, loved by his wife, respected at work, and still feel emotionally isolated. Many men, and husbands especially, take pride in making the people in their lives happy. We often build a large part of our identity around that role. During moments of solitude, the quiet can feel peaceful, but it's often not fulfilling. That's because no one sees the entire system running beneath the surface.

No one sees how much we carry. No one sees how hard we're trying. No one sees how often a husband questions himself. No one sees how deeply he wants to be better. So he keeps going.

The husband operating system is built for endurance, not for emotional exposure. It's focused on the long game, and that is both its strength and its weakness. It makes men dependable. It makes them loyal. It makes them steady. At the same time, it can make them quiet, guarded, and slow to ask for help. It can make them slow to admit when they're struggling and slow to say, "I'm not okay."

Learning to upgrade that system so that it includes openness, shared burdens, and emotional partnership is one of the greatest challenges in marriage. It's also one of its greatest rewards.

Year after year, responsibility continues to build in a husband's life. Marriage brings partnership. Careers deepen. Bills increase. Families grow. Expectations multiply. More people begin to depend on him in ways they never did before.

With every new role, the operating system adapts. Early in marriage, a man is learning how to be a husband. Later, he's learning how to be a provider, a protector, a father, a mentor, a leader, and a steady presence for the people who now rely on him.

CHAPTER 3
MUTE MODE: WHY HUSBANDS GO QUIET

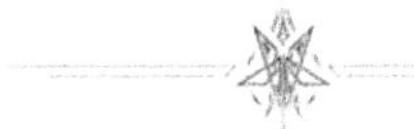

Most husbands don't wake up and decide to stop talking. It's a process. It builds over time. It's rarely intentional, but it does happen. Usually, this response develops because of behavior we've encountered and is often reactive. Many times, we respond this way out of fear, especially when we feel unsafe or emotionally overloaded.

When things become increasingly overwhelming, we shut down. This often shows up as silence. It's not something we want to do, and it's not a deliberate choice to shut someone out. Most of the time, it's a reflex. When a husband feels emotionally exhausted, he may feel like the only option is to go mute.

It's similar to a computer that overheats or expends too much energy. It needs to shut down and cool off. In most cases, until it cools down, it isn't wise to keep using it. Overload is one of the biggest reasons this happens. Men often don't have the emotional bandwidth to process intense emotions while also carrying expectations and responsibilities without crashing.

We can't process everything in real time. It's difficult for many men to multitask thoughts and emotions at the same time. Often, that becomes too much. Most men prefer to handle one thing at a time. When overload happens, verbal communication is usually the first thing to disappear. Instead of talking, we retreat and withdraw.

This becomes our main defense mechanism. It isn't because we don't care. Often it's because we want to make sure that whatever comes out of our mouth isn't reckless or irresponsible. We're trying to avoid saying something that we'll later regret or have to apologize for. Sometimes we're also trying to avoid the feeling of having to "mansplain" or justify our emotions.

When husbands feel overwhelmed, many feel incapable of having a productive conversation. In that moment, talking can feel pointless. During those times, a man may become extremely careful with his words. To prevent saying the wrong thing, he may simply say nothing.

When men speak while overwhelmed, they often say things they don't truly mean. Even if they do mean what they say, the delivery and tone can be completely off. Words carry a lot of weight for men, whether they come from their wives or from themselves. We remember when words go too far. We remember how deeply they can cut and how they make someone feel.

When arguments spiral out of control, apologies don't always undo the damage. I know firsthand that when I've spoken out of anger or misunderstanding, I can't forget the look on my wife's face or how my words made her feel. Once a man truly understands how damaging words can be, a shift often happens inside him. That shift says, "I never want to do that again." He remembers how it made her feel and how it made him feel.

Anger gives language permission it should never have. Many men who have experienced this once make a quiet promise to themselves to make sure it doesn't happen again.

Over time, I've learned something important. Emotions are real, but they aren't always facts. Because of that, I don't trust myself to speak when I'm upset or emotional. That's often the most selfish time to speak, because emotions are loud and easily misunderstood.

There's another factor as well. Men are aware that their voices carry weight. The volume or tone of a man's voice can sometimes overshadow the message he's trying to communicate. Even when the intention isn't aggressive, the delivery can sound that way. Many men want to avoid coming across as disrespectful.

So silence becomes a form of protection. For some men, it

becomes a safety net. In other cases, it even becomes a kind of superpower. Once words leave your mouth, you can't take them back.

As kids growing up, we've all heard the phrase, "Sticks and stones may break my bones, but words will never hurt me." That is a BIG lie. It couldn't be further from the truth, especially in a marriage. Words hurt. They have sharp edges, much like a cutting knife. Even if you apologize, you can't take them back.

Men learn early in life that words carry weight, but husbands learn this lesson in a different way. Careless words between friends can pass in seconds and may not matter much in the bigger picture. Sharp words to a coworker may be forgotten by Friday. Sarcasm with a stranger might not mean anything at all because you may never see that person again.

Words spoken to a wife live much longer. They have staying power. They don't just land; they settle into the fabric of her mind. It's similar to trying to remove the smell of smoke from a piece of clothing. It takes time. Smoke lingers and holds on, and in the same way, words spoken in marriage can linger. They echo, replay, and are remembered again and again.

Once a husband realizes this, he becomes more careful than he has ever been before. Many men don't fully understand the gravity of their words until they see tears or feel the coldness that can follow. When a man experiences that moment, he rarely forgets it.

This is why it's important to understand something clearly. Most husbands don't go silent because they are careless. They go quiet because they are thoughtful and cautious. Sometimes we even overthink. Silence is not the absence of thought. In fact, we usually have plenty of thoughts, feelings, and opinions. The silence often comes from having too many thoughts at once.

Mute mode is where husbands go when they are thinking. We think about what to say, how to say it, and when to say it. We know that once something is spoken, it can't be unheard. Many men feel trapped in that space of "damned if we do, damned if we don't." Believe it or not, we often try very hard to say the right thing at the right time and in a way that can be received gently. Sometimes it still feels like a gamble every time.

This is the space between feeling and speaking. During that time, we're trying to do the right thing. We don't want to repeat past mistakes or apologize again for words we never truly meant.

One of the biggest misconceptions about mute mode is that it often looks like distance. Many times it can sound, feel, and appear as if we don't care. From our perspective, we may believe we are protecting the relationship. What we often don't realize is that to a wife, our silence may feel like rejection or disconnection.

If she is asking questions or trying to get closer, she is usually communicating that she wants connection. Women are often direct in their actions, and their behavior usually lines up with what they're feeling. Even if we don't fully understand the emotions behind it, we can usually tell whether you're upset, happy, or sad.

Men, however, can complicate things. In trying to protect the situation, we sometimes create more confusion, more distance, and more hurt. What was meant to protect the relationship can end up dividing it.

The lesson here is that when women understand mute mode, they realize it isn't rejection, and it isn't punishment. When that understanding develops, silence can be respected instead of chased. It becomes easier to recognize that the quiet is not about pushing someone away. Often, it's about trying to protect the relationship.

This doesn't mean silence should simply be accepted without growth or change. What it does mean is that once you recognize that silence often comes from processing, protection, or emotional caution, it no longer sounds like rejection. The quiet becomes easier to understand instead of something that triggers insecurity.

Over time, you begin to read it for what it really is. Just like learning someone's tone of voice or body language, learning a husband's silence requires attention, patience, and curiosity instead of accusation.

The first step is realizing that not all silence is the same. Some silence is thoughtful. Some silence is exhaustion. Some silence comes from feeling overwhelmed. Some silence comes from hurt. Some silence comes from fear. Some silence is protective.

A wife who understands her husband begins to notice these differences. She notices when his shoulders drop, when his jaw tightens, when his eyes drift, when his answers become shorter, and when his energy shifts. Those are emotional signals. They are not signs of disinterest. They are signals of strain.

Learning to read mute mode also means learning to ask better questions. Instead of asking, "Why aren't you talking?" the question becomes, "Are you okay?" Instead of saying, "What's wrong with you?" it becomes, "Did something heavy happen today?" Instead of saying, "You're shutting me out," it becomes, "I'm here when you're ready."

Small shifts in language can change everything. They turn pressure into permission. They communicate something powerful to a man: I'm not here to interrogate you. I'm here to support you. And support is what often gives men the courage to open up.

Another key is resisting the urge to fill silence with assumptions. Silence invites imagination, and imagination is rarely kind. When there are no words, the mind starts creating stories: He doesn't care. He's tired of me. He's hiding something. He's emotionally checked out. Most of the time, none of those stories is true. They are simply fear speaking.

Learning to sit in quiet without panicking is a form of emotional maturity. It means trusting the relationship more than the moment. It means believing in his character rather than reacting only to his mood. Embracing mute mode does not mean tolerating neglect. It means recognizing the difference between a pause and a disappearance.

A pause still comes with presence. He's still there, still affectionate, still engaged in life, just quieter. Disappearance, on the other hand, comes with detachment, avoidance, emotional coldness, and a lack of effort. Knowing the difference matters.

Another way to embrace mute mode is by giving it healthy boundaries. Silence should never be indefinite. It's okay to say, "I respect that you need time. Can we check back in later?" It's also okay to say, "I'm okay giving you space, but I still need connection," or "I'm not rushing you. I just want to know we're okay." Those sentences honor his process while still protecting your needs. They prevent quiet from turning into distance.

For husbands, learning to recognize their own mute mode is just as important. Men have to learn when silence is helpful and when it becomes hiding. They need to ask themselves honest questions: Am I thinking, or am I avoiding? Am I resting, or am I withdrawing? Am I protecting us, or am I protecting myself?

That level of self-awareness is growth. It means realizing that your wife isn't asking you to be perfect. She's asking you to be present.

Another important shift happens when couples normalize the idea of pause. When silence is no longer frightening, it loses its power. When a man can say, "I need a minute," and a woman understands that he is processing rather than leaving, trust deepens. When a woman can say, "I miss you when you get quiet," and a man hears a desire for closeness instead of a criticism, connection grows.

Mute mode doesn't have to be a battleground. It can become a bridge, a place where both people slow down instead of reacting in anger. It can be a space where emotions are sorted before they are spoken, and where restraint replaces regret.

When couples learn to read silence with compassion instead of fear, something meaningful happens. Quiet stops feeling lonely and begins to feel safe. And safety is where real communication begins.

At the same time, it's important to acknowledge that mute mode can also become dangerous. Silence can be useful in certain moments, but it becomes harmful when it turns into a lifestyle. When mute mode becomes permanent, something begins to fade. Not love, but connection.

Conversations become surface-level. Vulnerability becomes rare. Depth becomes optional. Assumptions replace understanding. A couple can still function. They can still parent, still work, still laugh, and still show up for life together while remaining emotionally distant.

That's the real danger. Not explosive conflict, but quiet drifting. Two people who love each other but no longer fully know each other.

When men stay muted for too long, resentment can quietly grow. Unspoken frustrations begin to pile up. Needs go unmet. That may be the hardest part of all. Both partners still have needs, and both end up suffering. Misunderstandings multiply, and because nothing is said, nothing is resolved.

The wife may feel unseen. The husband may feel unheard. Both feel alone, and neither fully understands how it happened. It didn't happen suddenly. It happened silently.

Mute mode was never meant to be permanent. It was meant to be a temporary shelter, a place to regroup rather than a place to live.

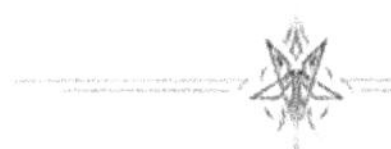

PART II

ADJUSTING THE SETTINGS

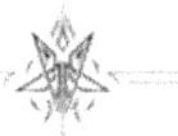

Understanding changes everything. Once you know why a husband thinks the way he does, why he goes quiet, why he filters his words, and why he carries pressure internally, you stop seeing his behavior as random. You begin to see patterns. You begin to see intention. You begin to see effort. However, understanding alone does not fix communication. It explains it. Part I helped you step inside the husband's mind. It showed you the system running beneath the surface and gave language to silence, pressure, and restraint.

Part II focuses on what happens when that system interacts with real life, including conflict, disappointment, unmet expectations, fatigue, misunderstanding, and emotions that refuse to stay quiet. This is where settings matter.

Every relationship has its own volume levels. Every conversation has a tone. Every conflict carries a certain level of intensity. Every emotion has bandwidth. When the settings are off, even love can sound harsh. When the settings are right, even difficult conversations can feel safe.

Part II is about learning how to regulate expression instead of suppressing it. It is not about avoiding conflict but about learning how to survive it. It is not about staying silent but about speaking wisely. It is not about winning arguments but about protecting connection.

This is where couples move beyond simply understanding each other and begin adjusting together.

CHAPTER 4

VOLUME UP: WHAT PUSHES MEN TO FINALLY SPEAK

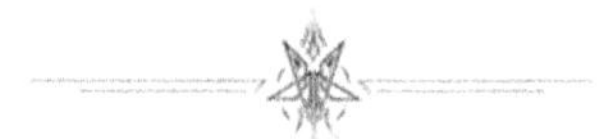

Most husbands don't start arguments. Some of you may read that and immediately say, "That's a lie." LOL! Maybe, but in many cases they don't. Instead, they store things. They file away small frustrations and insecurities. Men often swallow a lot of their pride, even when they feel entitled to speak their truth and share their point of view.

Many men believe that staying quiet is a sign of maturity and proof that they are being a "real" man. The thinking goes like this: real men don't get out of character. They hold themselves together and don't get distracted by things that lead nowhere. However, the idea that men should simply keep everything inside and silently endure things they disagree with needs to be reconsidered.

Being quiet and doing what needs to be done is only part of the story. Many men tell themselves things like, "It's not that serious," "It's not worth fighting about," "I'll let it go," or "It's fine." The problem is that eventually it isn't fine. Just because emotions are not expressed docsn't mean they disappear.

Over time, this pattern becomes unhealthy. The unspoken frustrations accumulate and build into something that affects both the husband and the wife. Each unresolved moment becomes another open tab running quietly in the background of a man's mind.

Think about it like a computer or a phone. When too many applications are open at the same time, the device slows down. Eventually, you have to close some of them so the system can run smoothly again. In a similar way, unresolved emotions clutter the mind. Eventually, the system overloads, and the volume goes up.

Men's voices are naturally deeper, and sometimes that depth can make what they say sound heavier than intended. It can sound like there is an agenda behind it, even when there isn't. One of the hardest realities for husbands to accept is this: the moment their voice becomes louder, their message often gets lost.

It doesn't matter how sincere they are. It doesn't matter how much they care. It doesn't matter how long they have held things inside. Once the volume increases, many wives stop hearing intention and begin hearing threat. They may hear yelling, condescension, disrespect, or anger. At that moment, what he is saying becomes less important than how he is saying it.

For husbands, this can be deeply frustrating. From their perspective, a louder voice does not mean, "I don't respect you." It often means something very different. It can mean, "This matters to me," "I'm invested," "I'm tired of holding this in," "I'm finally being honest," or "I care enough to fight for this."

For many men, raised volume represents passion, urgency, and emotional intensity breaking through restraint. Men are often socialized to suppress emotions until they reach a boiling point. Instead of expressing feelings gradually, they often release them in bursts. When something finally comes out, it may come out strong. Not polished, not gentle, and not carefully structured. It comes out raw.

To a husband, that rawness can feel authentic. To a wife, it can feel unsafe. That disconnect is where conflict often escalates. A man may think, "I'm finally being real," while a woman may think, "Why are you attacking me?" Both reactions are honest. Both people feel misunderstood.

Another truth is that many men don't realize how intimidating their volume can feel. What feels like intensity to him can feel like aggression to her. What feels like emphasis to him can feel like emotional pressure to her. What feels like passion to him can feel like a loss of control to her. This isn't because she is weak. It's because emotional safety often matters more to women than emotional release.

When safety feels threatened, even unintentionally, connection begins to shut down. Defenses rise. Walls go up. The conversation stops being about the issue and becomes about emotional survival.

Questions begin to appear: "Why are you yelling?" "Why are you talking to me like that?" "Lower your voice." Suddenly, the original issue is forgotten. Now the focus is on tone rather than the problem itself. A wife may say something like, "Your voice carries. You're a man, and it sounds loud." A husband may respond by saying he can't control how his voice naturally sounds.

For husbands, this can feel unfair. In their mind, they are finally opening up, only to feel corrected. They are trying to communicate, but feel criticized instead. The thought becomes, "You wanted me to talk, and now I am." That feeling can quickly push a man back toward silence.

This is why many men move back and forth between mute mode and volume up. They stay quiet to avoid hurting their wife. Eventually, they speak out because they have been quiet too long. When they speak, their tone is corrected. Then they retreat into silence again. The cycle repeats.

Passion begins to feel like punishment. Honesty begins to feel dangerous. Communication begins to feel risky.

The deeper truth is this: passion without regulation can feel like disrespect, while regulation without passion can feel like distance.

Healthy communication requires both. When both are present, misunderstanding has a chance to turn into understanding. Unfortunately, the challenge is that the timing of that balance is rarely perfect.

A mature husband learns that caring deeply does not require speaking loudly. We have to learn how to determine when our tone needs to change. Most women will listen and pay attention to your tone first. He learns that urgency does not require intensity. He learns that conviction does not require volume.

This is definitely one of the toughest things we deal with, mainly because we feel like we are extremely simple. But often that is misinterpreted. A mature wife learns that raised volume is not always hostility. Sometimes it's emotional overflow. Sometimes it's vulnerability disguised as frustration. Sometimes it's a man finally trusting her enough to show how much something matters.

Both sides have work to do. Men have to learn how to express passion without intimidation. Women have to learn how to hear intensity without immediately assuming attack. Attack is the easiest position to take. That's not easy. It takes patience, practice, grace, and humility.

But when couples learn that difference, arguments change. Voices soften. Intentions become clearer. Misunderstandings decrease. Connection increases. And husbands no longer feel like caring deeply comes at the cost of being misunderstood.

If we go a little deeper, you will find that husbands don't always speak at the first sign of frustration. It is a very unpopular behavior we have. What we do instead is tolerate, adjust, and rationalize. We usually, in our minds, feel but don't say, "it's not worth bringing up." We convince ourselves that it's insignificant and that it will pass over time, as if doing nothing will make the problem go away.

I know it sounds crazy, right? But that's what we think. So here we go again, withdrawing and going quiet again. That obviously does not help, but it definitely helps us cope with what we know to be unproductive behavior. It's a vicious cycle, I know. But it's us. It's what happens in our little brains. I said it for you. I know some women have no problem speaking that truth. Lol.

The volume goes up when the delay is over and ultimately expires. Here is what happens next. When the pressure builds up and is no longer bearable, the pipes break. Words come out not because we have lost control, but because we no longer have the bandwidth or capacity to hold them in.

When a husband turns to raising his voice, it's often not because of the current moment. It is usually about everything he kept to himself and has not said before. It's an accumulation of unspoken thoughts and feelings that now have essentially said, "Let me out." So now the volume is more a byproduct of the compression of the feelings, thoughts, and passion that were kept within his head.

I am so guilty of this. Sometimes I don't even know I'm doing it. It's like I know my voice is the voice of a man. I know it's deep, sexy, and powerful. But I sometimes don't realize when my level has increased. To women, it sounds intense and louder than what it actually is to us. In our heads, we look at it like we are finally speaking up and expressing ourselves.

My wife always wants to know what I'm thinking, and most times I'm like, nothing. Truthfully, I am thinking about a lot and processing my emotions and thoughts, but I don't want to let her in yet for fear of ridicule. I am a man, and I don't want you thinking I'm weak or that I can't express my thoughts without yelling. That is one of my biggest triggers. Telling me that I am yelling when, in my mind, I am just simply expressing myself with passion. Well, at least that's what I think I'm doing.

Again, remember that we are always trying to make sure that when those feelings come out, we want them not to be misunderstood or misinterpreted. When we finally speak up, we believe that most times women think we are erupting. Why wouldn't they think that? They are always asking what we are thinking, and they feel you've had plenty of time and opportunity to express your thoughts and feelings.

Look at it this way. We feel relieved that we finally got it out. A weight lifted. To a woman, you may feel attacked. She hears your volume and immediately thinks it's intended for her, when really it's what happens when we finally decide to express ourselves. It's really less about you and more about us getting it out. Unfortunately, you hear the tone more than the message.

I always say you cannot interpret tone via a text message. Some people like to use all caps in messages. I hate that, by the way, lol. But when someone simply texts a brief "Ok," or "cool," or even an acknowledgment, we have a tendency to look too much into what we think the tone behind the message was. I am guilty of that same thing.

I use that example to say that when we express and communicate something we've been holding in, women often focus on the tone more than the words.

After getting it out, we have a sense of relief. Yes, I got it out. I feel much better. But what is most often heard is, "Where did that come from?" Refer back to chapter three. It came from the mute mode. It didn't just come out of nowhere. It came from restraint. It came from wanting to protect the relationship more than wanting to be transparent and honest about what and how we really feel.

This does not and will never excuse the harsh delivery and sometimes extremely loud volume in which you are talking. Funny aside, my wife thinks that everything is loud. When we are in bed, the volume on the television is always too loud. The volume in the car when we are driving is too loud. Everything is always loud. I say that to say that I feel like I'm going to lose the volume argument all the time, lol. It will never be the right level. I'm losing that war. I'm always loud. But I don't think I'm loud.

Moving on, timing is everything, and in that moment, you are probably hearing the backlog of feelings. You are trying to understand where, how, and why he is at this level. It is more than likely months of not feeling heard. I didn't feel appreciated. I didn't want to fight. I didn't want to argue. Then all of a sudden he says, "Enough, I have held it long enough." Then the voice and volume follow.

What we do as husbands is make the terrible mistake of believing that our intensity validates the importance of what we are saying. Passion must sound urgent and forceful. If there is no passion, she may not understand, or my point won't resonate with her. That creates bigger problems because urgency without regulating our tone and the context behind what we are saying feels like aggression to a wife. So instead of you being receptive to what we are saying, you become defensive. Now you cannot hear or receive anything.

So what we often do is repeat the same cycle: mute, build, explode, regret, and then mute again. What needs to happen is learning how to speak and express ourselves before the pressure peaks again. The volume going up is not proof that you care more. It is, however, proof that you have waited too long to speak up.

We could do a better job by learning to speak early, respectfully, steadily, and consistently. When we do that, the volume becomes less necessary. What husbands look for from their wives is space where concerns can be heard without dismissal. When that space is not created, men are more likely to stockpile emotion. The truth is that we really don't want to be loud. We just want to be heard.

When we have an environment where open communication becomes normal, volume doesn't disappear as much as it is measured differently. The passion stays, and the disrespect leaves. A wise husband should always be able to recognize when the pressure is rising long before the volume follows. Oftentimes, we do not.

Wives, when you notice your husband becoming more irritable than usual, when small things start bothering him, or when he becomes quieter than normal, those are warning lights. Here is what healthy communication from a husband to his wife should look like. He chooses moments of calm, not chaos. He doesn't open heavy conversations at midnight or in the middle of stress, especially when emotions are already high. He chooses peace to discuss problems, not pressure.

Relationships can be very tough to navigate. They take two people. However, husbands, while giving wives grace, can ultimately change the mood and narrative of a situation by simply changing the mindset and approach to our interactions. Instead of saying,

"You never notice me," say, "I feel overlooked. I miss us." Not, "You don't care anymore," but, "I feel overwhelmed." Not, "You expect too much."

Wives can play a powerful role here too. Many men go quiet because honesty in the past was met with interruption, correction, or dismissal. When a man finally opens up, and he feels rushed, handled, minimized, or misunderstood, he learns that silence is often easier and safer.

When husbands speak early, most of the time we need space, not instant solutions. Not rebuttals. Not explanations. That response tells men that it is safe to talk here. And in that feeling of safety, the volume stays down.

CHAPTER 5

VOLUME DOWN: WHY HUSBANDS RETREAT AFTER CONFLICT

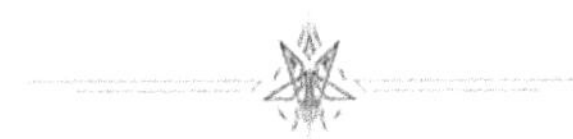

Volume down is not indifference; it is the aftermath. This is what happens after men realize they didn't handle something the way they wanted to. It comes after he recognizes that his passion crossed into causing you pain, after he sees that his words landed harder than he intended. This is remorse without language. We feel so bad about it. What have I done? I am ashamed of how I have acted. Most of us don't know how to apologize properly or perfectly. I am terrible at this, mainly because I try my best to think before I speak. Although I try to put this into practice, most times I fail tremendously. So when we should be standing strong and being available to love and support, we retreat. We go quiet. We pull back and become silent.

Once a man realizes, "Yeah… I didn't handle that well," his system goes into emergency recovery. It's like when your phone overheats. You don't keep scrolling. You put it down and hope it forgives you. That's volume down. After an argument, a husband doesn't think, Let me ignore my wife. He thinks, Let me not make this worse. Let me cool off before I say something dumb. Let me regroup before I mess this up again.

So he retreats. He becomes quieter than usual, less expressive, more reserved. Not because love disappeared, but because his confidence did. He's in emotional timeout, self-imposed. Volume down is when a man hits the "Do Not Disturb" setting on himself, not to block his wife but to block his worst impulses. He knows that when he's frustrated, tired, and embarrassed, he's dangerous with words. Not physically, but verbally. And he refuses to turn his home into a battlefield. So he disarms himself with silence.

Another thing husbands don't admit is that volume down is also recovery mode. Arguing is exhausting. Being emotional is tiring. Feeling wrong is draining. After conflict, a man's battery is low, like 7 percent low, with no charger in sight. He doesn't have the energy for long talks, deep processing, or emotional marathons. He just wants to sit somewhere quiet and reboot. Sometimes that looks like staring at the TV, scrolling on his phone, going for a drive, or doing something random, like "running errands" that take two hours. It's not avoidance. It's buffering.

Volume down is also protection mode. A husband knows there's a difference between honesty and cruelty, and when he's emotionally charged, that line gets blurry. So he steps back because he knows his wife doesn't deserve to be collateral damage in his emotional war. He refuses to take out his frustration on the person he loves most. So he puts the remote down, locks the volume, walks away, and waits until he's safe again.

Here's the part wives rarely see. Volume down is often an apology without words. It's him saying, I'm embarrassed. I'm sorry. I wish I had handled that better. I don't want to hurt you again, without knowing how to say it. Men aren't always good with emotional speeches. We're good with emotional posture, and volume down is posture. It's humility in hoodie form. It's regret in sweatpants. It's remorse without vocabulary.

But here's the problem. If volume down lasts too long, it stops being recovery and starts becoming retreat. Pause becomes distance. Reset becomes avoidance. Cooldown becomes coldness. That's when connection suffers. A healthy husband doesn't live on low volume. He visits it. He recharges there, then he comes back. He learns to unpause. He learns to press play again. He learns to reenter emotionally.

That's growth. And a healthy wife learns that volume down isn't abandonment. It's recalibration. It's the system saying, Give me a second. I'm fixing myself, for us. When couples learn this, arguments change. Silence stops being scary. Distance stops being personal. And the remote becomes a tool, not a weapon.

So you might ask, how does a wife help him lower the volume without making him feel dismissed, controlled, or silenced? First, you have to understand that when a man's volume rises, his nervous system, or as we referenced earlier, his operating system, is activated. He is not trying to overpower you; he is simply trying to be heard. Like anyone, when we feel unheard, we instinctively get louder. Don't try to overpower his volume. That makes the situation much worse.

There is a difference between saying, "Stop yelling," and saying, "Hey, babe, I want to hear you, just not like this." This feels more like connection, not correction. When husbands feel understood, most times the tempers die down, and real understanding, empathy, and listening begin. Don't confirm the tone; address the attention.

Now, I am not saying you should tolerate disrespect or blatant disregard for one's feelings. However, what I am saying is to try some different approaches. You can try things like, "Hey, I know this means and matters a lot to you." "I can tell you're passionate about this." "I don't want to fight you on this." "I'm not against you." You can look at these as emotional white flags. It's like saying, I see you, I hear you, and I feel you. It's simply acknowledging the obvious, him in that moment. That's all we care about, being seen and understood.

Timing is everything with us, and the right message at the wrong time can alter things tremendously for the worse. But the right message at the right time can move things in a good direction, toward positivity and healthy energy. What this communicates is that you're not my enemy. When men no longer feel they are in battle, the volume drops naturally.

Men battle so many things in the world outside of the house, and the last thing they want to do is battle with the love of their life, their best friend, their life partner. For most of us, we escalate when we feel challenged. So when you are told things like, "You need to calm down," "You're being ridiculous," or "What's wrong with you?" the volume goes higher, not lower.

The more powerful move, the one that is effective every time, is to lower your tone. Speak softer, slower, and with grounding. In the healthiest marriages, both people can grab the remote. The husband can turn things down himself, and the wife can say, "Hey, let's lower this." Neither person should throw the remote or use it to their advantage for selfish gain. You're not enemies, and it should never feel like that.

The remote is not about control, and it should not be. It should be a collaborative effort. When you turn the volume up, it says this matters. I care. This is important. Turning it down most times communicates, let's protect it. Love isn't about who's right. It's about protecting the relationship first.

CHAPTER 6

SIGNAL LOST: WHEN LIFE DISCONNECTS AND HOW YOU RECONNECT

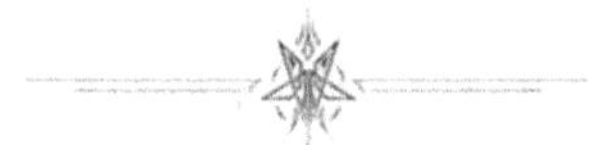

Signal loss in marriage rarely starts with conflict. It starts with pressure. Not pressure between you, but pressure around you. Work demands increase. Financial responsibility grows. Parenting intensifies. Health becomes a concern. Goals feel delayed. Fatigue sets in. Slowly, a husband's internal bandwidth shrinks.

When bandwidth shrinks, connection suffers. Not because love fades, but because mental capacity does. This chapter is not about mute mode. It's not about retreat after conflict. It's not about raised volume. Signal loss is different. Signal loss happens when life crowds out intimacy.

When a husband begins to disconnect due to stress, here's what is usually happening internally. He feels responsible for too much. He feels mentally stretched. He feels like he can't drop any balls. He feels pressure to provide, protect, solve, and perform. But he does not always feel equipped to talk about it. Instead of verbalizing overload, he minimizes it. "I'm good." "I'll handle it." "It's fine." He isn't lying. He's compressing.

Compression leads to reduced emotional availability. He has fewer words, less curiosity, and less playfulness. He loses his spontaneity. He becomes task-focused, functional, and efficient, but less emotionally expressive. He is still committed. He is simply overloaded.

Signal loss can look different for every husband. For me, this looks different depending on the circumstance. Sometimes I can be very short with my wife. She may ask me a question, and I may simply answer the question. At times, I can be very standoffish and cold. It can also look like me leaving to take a drive without even saying where I'm going. I just get in the car and drive. I might even just say, "I'll be back." Now I know this is not right, and it is not helping the situation at all.

What is happening during these moments is that I am simply compressing my feelings. That usually becomes a disaster because most times it turns into emotional unavailability. That looks like fewer words, less playfulness, and a loss of spontaneity.

As a wife, you can usually recognize the signs of signal loss because, in some instances, we can become very obvious emotionally. We keep a lot of things close to us. However, if you are really connected, you will be able to see and read right through them. Often, the signs look subtle, not really dramatic. Conversations become shorter and more surface-level. We become more physically unavailable, and emotional engagement decreases. The laughter becomes less frequent. Where jokes and humor used to land easily, they don't as much.

Intimacy can also become more mechanical. It's a two-way street. But we know that emotional connection drives the intimacy we want. We also know that the more disconnected we are emotionally, the more it can feel like we are saying, I'm just here for the pleasure, not real connection.

This is often identified by a lack of initiation of sex. Most husbands want sex and usually make it known that they do. With that said, if we aren't initiating sex, it doesn't necessarily mean we are not interested. It could mean there is something going on that is not being communicated.

This powerful myth that men always want sex is something I want to explore more deeply. When a husband stops initiating sex, panic usually follows. Wives begin asking themselves questions they never want to ask or even think about. Is he cheating? That is the most common thought that comes to mind. I will never say you shouldn't feel that way. However, I would encourage you to dig a little deeper before immediately jumping to that conclusion.

Husbands also have the ability to be insecure in that area. We just don't usually put a lot of energy into it. Most men could easily jump to the conclusion of, "Is she cheating on me?" every time we want sex and you say, "Not tonight," or "I'm tired," or "All you want is sex." We could ask the question, Are you cheating on us? Most times we don't go there, but my point is that wives often jump to that assumption because, yes, we are often seen as always wanting it, even when we don't want it. Crazy, right? Lol.

The feeling of having to perform sexually when we are not in the mood is something that happens a lot. Sometimes we do it out of obligation to you. We also do it to communicate that nothing is going on. We are still good. There is no one else. We debate with ourselves with thoughts like, "If I don't comply sexually, she'll think there is someone else." That may also be followed by a simple question from the wife: "If you don't want to sleep with me, then who are you sleeping with?" Or, "You always want it."

I have always believed that men and women are very different when it comes to this. When a wife gives her body to her man, she is communicating that she loves, appreciates, and respects him. We immediately feel it and know that she is showing up for us and giving us something she knows we not only want but actually need. Sex is more of a need for us than a want. Yes, we are very physical, but it's more than just that for us. It's about connection.

For wives, it's the emotional connection that communicates, I see you. We often fail here. When we are intimate with our wives, it's the one moment when we feel connected and recharged. Nothing else matters except what's happening right now. We have your undivided attention, and you are expressing yourself physically and verbally. This sexual connection has the ability to redirect our focus and help us concentrate on what's important, while appreciating the affection and love we are receiving. The sex is important, but it's the connection that we prioritize above everything.

You may also ask, "Is he still attracted to me?" "Is he bored with me?" Most times, none of these things is true. It's not even about a lack of desire. When a husband is into his wife, he always is and will be. A real man who is truly connected and deeply in love with his woman always desires her in an intimate way.

Most times, this is what he feels when this is happening to him. He feels off emotionally. He feels disconnected. He feels like something is off between you. He doesn't feel like he knows where you stand. Lastly, he probably feels overloaded. When we are in that space, initiation seems and feels very risky, mainly because initiating sex is initiating closeness. At that moment, we don't feel that closeness.

Because of that, we move into self-preservation mode, protecting our emotions. Instead of feeling like you are our partner, companion, and wife, we feel scared to open the emotional door, put our pride aside, and express what we need. He doesn't want rejection in that moment. The awkwardness and emotional confusion can be a mental hurdle we don't always want to tackle.

Husbands who carry a lot of tension, unspoken issues, and unresolved conflict begin to experience sex as something that no longer feels simple. So instead of communicating, we think things like, Let me get myself together first. Let me fix things mentally. Let me get my head right so I can feel confident again. These are things we are saying internally, by the way. The unfortunate thing about this war in our heads is that it can sometimes take weeks, and in some cases, months. That's when misunderstanding grows.

Here's another uncomfortable truth. Men don't like initiating when they feel inadequate. If a husband feels like he's failing financially, emotionally, spiritually, or relationally, he often feels undeserving of intimacy. He feels like he hasn't "earned" closeness. So he pulls back, not because he doesn't want you, but because he doesn't feel worthy in that moment.

Many men also stop initiating when they sense emotional tension. If conversations feel strained, if affection feels forced, if silence feels heavy, and if distance feels real, sex begins to feel unsafe. Not physically, but relationally. Men rarely initiate in spaces that feel unsafe.

The fastest way to reignite desire is not pressure. It's safety. Statements like, "I miss being close to you," "I want you," "I love you," "I'm on your side," and "Are you okay?" restore confidence. They remove fear and rebuild the emotional bridge.

Physical intimacy follows emotional permission. Men must learn that pulling away sexually doesn't fix disconnection. It deepens it. Initiating doesn't require perfection. It requires courage. Sometimes reconnecting physically is what reopens emotional doors, not the other way around.

When a husband stops initiating, it is rarely about cheating. It is usually about disconnection, stress, self-doubt, fatigue, unresolved tension, or lost confidence. The solution is not suspicion. It is reconnection. Not interrogation, but invitation. Not accusation, but affirmation. Most husbands still want their wives. They just want to feel close again before they reach for them.

So when the signal is lost, how should we work to restore that connection? When connection weakens, intimacy is usually the first place it shows. Not because desire disappears, but because alignment does. A disconnected husband doesn't stop wanting his wife. He stops knowing how to reach her. A wife who feels unwanted doesn't stop loving her husband. She stops feeling chosen. Both are hurting. Neither is wrong.

Many women hesitate to initiate when intimacy fades because they are also afraid of rejection. Many men hesitate because they fear failing emotionally. So both wait. There is a standoff. We say in our heads, "Let me see if she's going to come after me." She says,

"If he wants it, he needs to come get it." Obviously, that doesn't promote anything good. The waiting creates more distance, a distance that neither person truly wants.

The goal of healthy initiation is not performance. It's permission. It's saying, "I still want you." "I'm still here." "I'm safe." "We're okay," without making it feel like a test.

Pressure sounds like this: "Why don't you ever want me?" "Do you even find me attractive?" "It's been forever." Those statements come from hurt, but they increase fear. Fear blocks desire.

Invitation sounds different: "I miss being close to you." "I love being with you." "I want you tonight." "I feel connected when we're together." These statements rebuild confidence. They don't demand. They affirm.

Another powerful form of initiation is emotional first, physical second. A hug that lingers. A compliment. A playful touch. A whispered, "Damn, you look good. You got a man?" A moment of undivided attention. These are signal boosters. They strengthen bandwidth before asking for intimacy.

So, how do you fix signal loss? It's not just emotional; it's relational. It affects every aspect of your relationship, from conversation to affection and even closeness. Think of it this way. When you have a weak Wi-Fi signal on a connected device, the video buffers, and the picture becomes distorted and unclear. The first thing we do when that happens is check the connection with the modem and the router for our internet service. It's immediate.

When the circle appears on your screen indicating a weak signal, we acknowledge it and say, "Is the Wi-Fi down?" In the same way, when the signal is weak in a relationship, intimacy buffers. Connection fades. Confidence weakens. Then desire and intimacy decline, usually in that order.

The good news is that the signal can be strengthened again with patience, intention, grace, and courage. Husbands and wives need to hear this clearly. When we both learn to treat intimacy as a reflection of connection and not as a test of love, the panic stops, and the partnership begins. Suddenly, the signal is restored, and reconnection begins.

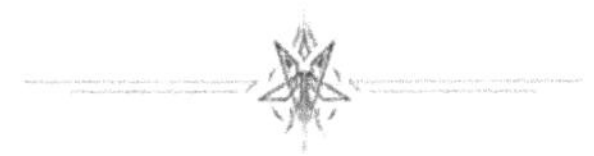

PART III
NAVIGATING TOGETHER

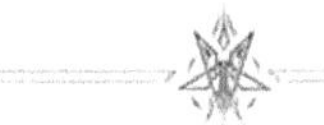

By now, you understand each other better. You understand why husbands go quiet, why volume rises, why retreat happens, why connection weakens under pressure, why intimacy fades during stressful seasons, and why misunderstandings grow in silence. You've learned how the system works. You've learned how to adjust it.

Now comes the deeper work: staying connected. Knowing how to communicate is one thing. Maintaining connection through the years of life is another.

Part III is about what happens after the arguments end, after the apologies are said, after the tension settles, and after routines return. This is where marriages are either strengthened or slowly drift apart. Not through betrayal. Not through major conflict. Through distraction, busyness, comfort, and neglect.

Most couples don't fall apart. They fall out of sync. They stop checking the signal. They stop tuning in. They stop noticing small shifts. They stop protecting emotional space. Distance then grows quietly.

Part III is about preventing that. It's about learning how to move through life as a team, how to stay curious about each other, how to protect intimacy, how to rebuild after mistakes, and how to keep choosing each other in ordinary moments.

These chapters focus on the daily navigation of marriage: distractions, regrets, reflection, rest, renewal, and reconnection. This is where couples learn how to manage life without losing each other. This is where husbands learn that provision is more than income; it is presence. It is where wives learn that influence is more than words; it is consistency. It is where both learn that love is maintained intentionally.

Part III is not about fixing problems. It is about building resilience, so when storms come, connection stays. When seasons change, commitment holds. When life gets loud, love remains clear.

This is where marriage becomes more than survival. It becomes partnership.

CHAPTER 7

CHANNEL SURFING: WHERE HUSBANDS GO WHEN LIFE FEELS HEAVY

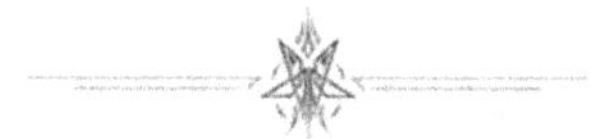

When a husband starts drifting emotionally, he doesn't always go silent. Sometimes he goes somewhere else. Not physically, but mentally. He has changed the channel. Sports, social media, work, video games, podcasts, and sometimes the gym become places where we find peace. Anything that lets his mind rest without having to feel.

Channel surfing is an emotional escape disguised as entertainment. It's not about being lazy. Sometimes it's simply about not having to think about anything or make any decisions. When you have a family, there is always a sense of having to think about something. What we sometimes want is to just exist, be free, and enjoy the moments in life that matter without constantly thinking.

I can remember when my wife went out of town for a full week. She took the kids. Fellas, that sounds exciting, right? When I tell you I thought it was going to be party time and that I was going to enjoy being away from her and the family. Personally, I don't require a lot of time away from my family. Just a few hours, maybe a day or two, and I'm good. I am naturally a more introverted person who enjoys time to myself.

What I realized during that time was that what I loved most about being alone was the fact that I did not have to think about anything but me. It felt so good to wake up and not have to worry about what's for dinner or where someone needed to be dropped off. Just peace and quiet.

If I'm being honest, that got old very quickly. I also realized that I needed to recalibrate my priorities because, for many years, my identity had been tied to being a husband and a father. I found myself struggling to figure out who I was outside of that. That might be a story for another book, maybe. Lol.

Back to the point. When life feels heavy and connection feels complicated, distraction feels simple. It feels normal. It feels right. So what do we do? We scroll. We click. We watch. We give our eyes and ears to things that don't actually help the situation get better. We begin to zone out on things we can control. As we know, for most people, control feels comforting.

When husbands channel surf, it's not about avoiding our wives. It's more about avoiding the pressure, avoiding failure, and avoiding disappointment. These distractions become emotional noise-canceling headphones. They block out the stress of life, or at least that's what we think.

This can be dangerous because sometimes we don't realize how far we've drifted. Most of the time, we don't have the emotional awareness to even notice that we're doing it. Men escape into distractions because we are wired to fix problems. When a problem can't be fixed quickly, it becomes frustrating for us. This could be marriage problems, emotional tension, internal doubt, or career uncertainty.

So instead of sitting in the discomfort, men look for something solvable. We play video games. We start a project or a task. Choosing something with clear rules and visible results gives us a strong sense of accomplishment.

Ladies, how do you know when the distraction has replaced the connection? I'm glad you asked, I think. If he is always busy but never emotionally present, pay attention. There are many things that can keep us busy, but when those things prevent us from being emotionally present, it matters.

When we are more focused on what's happening on our device or constantly intrigued by what's happening in the world instead of what's happening right in front of us, that is a sign. Open your eyes and be intentional about noticing what's really going on.

That might come naturally to you. You're a woman, and people often talk about "women's intuition." What does that even mean? I always shake my head when I hear that because I usually wonder if it's actually real or if people just say that. I guess I'll never know. I'm not a woman. Lol.

Back to the point. I'm channel surfing right now. Smh. That's exactly how easy it is to drift.

This kind of drifting can look like retreating into hobbies when tension arises, especially hobbies that don't involve you. Date nights get replaced by devices. We all do it sometimes, but excessive focus on devices should not be ignored. Eventually, time together begins to feel parallel instead of shared. We are there, but we are not engaged or present.

I remember being in grade school when the teacher would take attendance. As she called out names, kids would say "present" when they heard their name to acknowledge that they were in the classroom. You can't hear your name if you're not present in the moment.

The same concept applies to being present with your spouse. Most men don't realize they're drifting. They think, I'm just unwinding. I deserve a break. I'm tired. This is how I relax. Sometimes that is true. But sometimes it's avoidance.

It can be avoidance of vulnerability, avoidance of responsibility, or avoidance of emotional work. Emotional work feels risky, so they avoid it.

Over time, distraction creates distance. Not instantly, but gradually. Eye contact decreases. Laughter fades. Touch becomes rare. Curiosity disappears, and conversations stay shallow. Love is still there, though. The connection is weak, and a weak connection invites insecurity.

The wife feels unseen. She feels abandoned. She may feel played or disrespected. The husband feels misunderstood. Both feel lonely, even while they are together. No marriage is perfect, obviously. But you can change the channel back together. Any couple that is willing to do the work and weather all the storms can find their way back.

You can't start with confrontation. People hate being confronted. For husbands, confrontation often comes with demands for explanations and answers that we don't always know how to communicate effectively. Attacking and speaking in absolutes only adds more fuel to an already ignited fire. Don't say things like, "You're always on your phone," or "You care more about that than me." When I tell you those are the beginnings of a boxing promoter promoting a heavyweight fight, I mean it. As the old folks used to say, those are fighting words.

Instead, say things like, "I miss you." "Can we spend some time together?" "I want you." "Let's hang out." I am very clear that my wife wants my attention and wants to connect with me when she says things like this. If she says, "Do you want to watch something?" I immediately know that whatever I'm doing needs to stop. I respond, lean in, and listen to what she is really saying. That makes me feel wanted and desired because it communicates that she wants to engage with me.

When a husband feels like he's constantly being tested with subtle hints and accusations, he may change the channel. Luckily for me, my wife only has a few signals, so when I hear them, I know exactly what she means. Television and movies have always been something we enjoy together. So when she says that, I know I need to be strategic and make my next response my best move. At that point, how I respond determines what movie she writes in her head.

The distractions are not really the enemy here. The real problem is disconnection. When our phones have problems, we don't usually care about why it's happening. What frustrates us is the fact that we don't have service. The anger comes from not being able to connect with the people we love.

One of the healthiest things we can do in marriage is to create space for hobbies and rest. I always encourage couples to find ways to have fun and develop hobbies together. Life shouldn't be only about doing what has to be done. There should also be room for laughter and enjoyment. I love laughing with my wife. I have noticed that when we are laughing, things are going well, even when they really aren't.

Still, be mindful that hobbies and entertainment will never replace intimacy. Turn off the noise and tune back in to your wives. I like to say it like this. Keep the main thing the main thing. Don't idolize each other, but pursue the partnership and engagement that builds a strong connection.

These days, most people don't consume traditional content like linear television. For those who don't know, linear television simply means cable. Who watches cable anymore, right? The point is that when people are watching content that is entertaining and engaging, they don't want to change the channel.

Many people don't have cable anymore because we are too impatient to sit through advertisements and commercials. We want to fast-forward and get back to the content. Think of it this way. In a perfect situation, ladies, you want your man to never change your channel. You have premium content that anyone should want to keep watching. Keep his attention locked in.

Let's go deeper. One of the fastest ways a man disconnects is when he feels like he is failing. Failure is an emotion men do not traditionally handle well. It looks different for every man. Sometimes it's about not earning what he hoped to earn. Husbands take financial contribution very seriously. If his earnings are not what he hoped for or believes he deserves, he can begin to feel insecure. This happens because many men feel it is their responsibility to provide, not only with their mind but also with their wallet.

When a man feels inadequate, he usually does not want to talk about it. He hides in plain sight. Distraction becomes his hiding place. Hobbies don't judge him. Screens don't critique him. Games don't remind him of his shortcomings. They allow him to feel capable and competent. Not because he prefers them, but because they don't remind him of what he feels he lacks.

Most men are fueled by affirmation. Husbands love hearing words of affirmation from their wives. That is absolutely true. Flattery is nice, but recognition has the power to change the entire mood of our day. "I see you." "I appreciate you." "Thank you." "I noticed what you did." Those simple statements go a long way with men, especially with a husband.

Men also change the channel when conversations feel unsafe. If conversations turn into criticism, correction, and conflict, men stop initiating them. We stop sharing. We stop volunteering vulnerability, and we stop talking about our struggles. If vulnerability is punished, we retire from offering it.

Men can also change the channel when they feel emotionally unnecessary. This one is subtle but powerful. For most men, the pattern works like this. To be needed translates into being valuable.

To be valuable translates into feeling secure. To feel secure translates into being present. If that chain breaks, everything shifts.

We won't always say it out loud, but we need to feel needed. We feel it deeply, and most of the time, we hope women see it and understand it. Often they don't, because how would they if they've never been told?

A man's purpose is deeply connected to his usefulness. If we are not useful, we start to wonder, what am I here for? We learn very early that our worth is tied to what we provide, fix, protect, and build. We are told to be strong, be capable, and be dependable. Just handle it. Don't complain. Most importantly, show up.

When we become husbands, that wiring doesn't change. In many cases, it becomes amplified. Feeling needed makes us feel alive in the relationship. It makes us feel chosen, trusted, significant, and invested. When those feelings fade, we feel deflated and useless.

He starts wondering if his presence really changes anything. Would things run the same without him? Is he adding value, or just occupying space? Those thoughts are corrosive because men are wired to contribute. When contribution feels unnecessary, motivation collapses. We begin to feel like giving up.

This doesn't mean wives should act helpless. It means involvement matters. Many husbands feel unnecessary when decisions are made without them, when problems are solved without consulting them, when plans are finalized without discussion, and when emotional struggles are handled elsewhere. They also feel this way when their input is dismissed quickly or when their suggestions are ignored. Over time, he learns that his voice doesn't really matter here. So he uses it less.

Another way men lose the sense of being needed is when appreciation disappears. Effort without acknowledgment feels invisible, and invisible effort feels pointless. Men can be like children sometimes. We love being told how much we are appreciated. Words of affirmation are often what we need the most.

A man who works hard, sacrifices, shows up, and receives little recognition starts questioning why he tries. Not because he wants applause, but because he wants confirmation that he matters. Not only to the world, but to you.

There is also an emotional need. Some husbands begin to feel unnecessary emotionally. Their presence is not sought. Their comfort is not requested. Their perspective is not valued. Their encouragement is not leaned on. So they begin to assume that she doesn't really need them emotionally.

That hurts more than most men admit. While men may not always express emotions fluently, they still want to be emotionally relevant. They want to be the place their wife runs to, not away from. When that role disappears, disconnection grows.

A husband who doesn't feel needed usually doesn't become angry. He becomes passive. There is less initiative, less pursuit, less engagement, and less vulnerability. This is not punishment. It is self-protection. Why invest deeply where you feel unnecessary?

Here's the most painful part. Most wives don't intend this. They are capable, strong, independent, and resourceful. These are beautiful qualities. However, sometimes strength unintentionally sends the message that says, "I don't really need you." Men hear that message, even when it is not meant that way.

Rebuilding the sense of being needed doesn't require dependence. It requires partnership. Invite his input. Ask for his opinion. Trust his judgment sometimes. Let him help. Let him support. Let him lead in some areas. These things restore purpose.

For husbands, feeling needed doesn't mean being in charge of everything. It means being part of everything. It means knowing that his presence matters, his voice counts, his effort is seen, and his love makes a difference.

When a man feels that, he shows up fully, emotionally, consistently, and passionately. When he doesn't, he begins to drift. Not because he stopped loving, but because he stopped believing that he mattered. Love without purpose eventually feels empty.

CHAPTER 8
REWIND: MOMENTS MEN REPLAY PRIVATELY

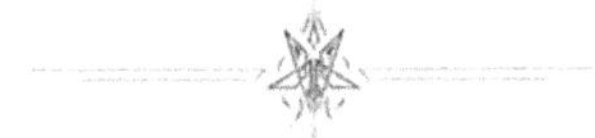

Ok, fellas. I hope this is not the chapter you start to nod off on. Or maybe it will resonate with you. Husbands don't talk much about the past, but that doesn't necessarily mean we are not living in it. We rewind moments we wish we could redo. Moments when maybe our tone was too sharp. The day we weren't present. Times when we didn't show up as our best selves. Moments when we didn't protect her heart.

Men don't usually bring these things up. We carry them inside and do what we are best at, keeping things to ourselves. We go quiet not only about things we feel insecure about, but also about moments of regret. Men are often taught to move forward and not look back, to "man up" and not reflect, to focus on the next goal and not the last mistake. Marriage changes that. When you love someone deeply, your mistakes don't disappear. They echo.

So a husband rewinds. Not to torture himself, but to understand himself. He watches old scenes and asks questions no one hears. Why did I act like that? Why didn't I listen? Why was I so defensive? Why did I take her for granted? Why did I wait so long to change? These aren't casual thoughts. They are emotional audits. Men hold court with themselves in private, and we are harsh judges.

Rewind happens because men care. A man who doesn't love deeply doesn't replay deeply. Husbands rewind because we don't want to repeat mistakes. We don't want to hurt you again. We don't want to fail the relationship. We don't want to disappoint you. We don't want to lose you emotionally. So we study the past. We memorize what went wrong. We try to reverse engineer better behavior.

Because vulnerability feels risky, growth often happens silently. Sometimes the rewind turns into self-punishment. There are moments when we get stuck on repeat. People often rewind a line in a movie when it made them laugh, or mentally revisit a happy moment in their life. In the same way, we revisit mistakes and live in moments of regret.

We start believing lies like, "I always mess things up." "I'm not good at this." "She deserves better." "How can I make up for that?" Husbands sometimes struggle with forgiving themselves. When we hurt people we love, especially our wives, it takes a toll on us mentally and sometimes physically. This mindset can be dangerous, yet it still happens.

Guilt that is never addressed can turn into distance. We are all flawed, but sometimes when men rewind their past, it makes them hesitant and reserved because of the negligence they showed or the pain they caused. We begin to lose trust in ourselves.

Let's talk about why most women don't see the rewind when it's happening. When you watch television and press rewind, you can clearly see the show moving backward. You also see the progress bar indicating that it is rewinding. With relationships and with men, the rewind happens internally. You can't see it.

We don't say things like, "I've been thinking about that argument from last year," or "I still feel bad about what I said." What you see instead is changed behavior. In this case, what you are seeing is the byproduct of the rewind. You may wonder why he is behaving differently or why he seems to be overcompensating. What you are actually seeing is us trying to make amends silently.

When past mistakes are never fully healed, rewind stays active. If a man feels forgiven but not trusted, if a mistake is considered "over" but still gets referenced, or if growth is ignored while failure is remembered, his mind keeps replaying the moment. Closure never happened, and without closure, memory doesn't rest.

Men have to learn something important. You can't rewrite the past, but you can outgrow it. Growth matters more than guilt. Consistency matters more than perfection. Showing up today matters more than yesterday's mistake.

A healthy husband learns to say, "I learned." "I changed." "I'm better now." "I forgive myself." Then he presses play on the present.

So what is the purpose of rewind? It is not meant to shame you. It should be a teaching moment, not a prison. It should show you where you grew, where you failed, and where you matured. It is not meant to keep you stuck in the past.

Most wives are not trying to reopen old wounds. They are trying to protect themselves. They are trying to communicate honestly. They are trying to be understood. They are trying to feel safe. They are trying to prevent repeated pain. However, sometimes while trying to do those things, they activate something in their husband that they never meant to trigger. Rewind.

This is not about blame. It is about awareness, because awareness creates gentleness. Here are a few examples of how this can be triggered.

1. Referencing Old Mistakes During New Conflicts

One of the fastest ways to trigger a rewind is to bring up past failures during current arguments. Statements like, "You always do this, like when you…," "This is just like last time…," or "Remember when you messed up and…" can quickly reopen old wounds. To a wife, this may feel like providing context. To a husband, it feels like confirmation. Confirmation that his worst moments are still alive, still remembered, and still defining him. It tells him, you're still that guy. When that happens, his mind immediately begins replaying the past.

2. Questioning His Growth

Sometimes it sounds subtle. "Have you really changed?" "I don't know if I believe you." "We'll see how long this lasts." These statements are usually rooted in fear, fear of being hurt again. However, they often land like doubt. Doubt reopens the tape. He begins thinking, Am I ever going to be enough? Will I ever outgrow this? That is when the rewind begins again.

3. Comparing Him to His Past Self

Statements like, "You used to be so…," "You weren't like this before…," or "I miss the old you" are often expressions of longing. However, they can feel like a loss to him. It can feel like he has declined or failed to maintain who he once was. Those words send him back to replay the moments when things began to change.

4. Replaying Hurt Without Closure

Some wounds need time, but others need resolution. When pain is discussed repeatedly without healing, it becomes a loop. A wife may think, I just need him to understand how much that hurt. A husband hears something different. He hears, you still haven't forgiven me. As a result, the rewind continues.

5. Withholding Affirmation After Change

Many men grow quietly. They work on themselves privately. They try harder. They correct patterns. However, when that growth goes unnoticed, they begin to feel invisible. Invisibility feeds regret. He begins to think, Why am I trying if it doesn't matter? That thought often sends him back into the past.

6. Using Past Pain as Protection

Sometimes women bring up old mistakes to protect themselves. The thought may be, if I remember it, it won't happen again. Emotionally, that makes sense. However, it can keep the wound open, and open wounds replay.

Most husbands accept forgiveness from their wives long before they accept it from themselves. She may say, "I forgive you." He hears it. He may even believe it. However, he often does not fully absorb it. It stays in his ears but never reaches his identity. As a result, he continues carrying guilt long after grace has already been offered.

Why does this happen? Because men are wired to take responsibility seriously. When we make mistakes, it often doesn't feel like a simple error. It feels like a failure of character. The thought is not, I handled that wrong. The thought becomes, I was wrong. That realization cuts deeper.

A husband doesn't just regret what he did. He begins to question who he is.

CHAPTER 9
PAUSE: WHY HUSBANDS NEED SPACE

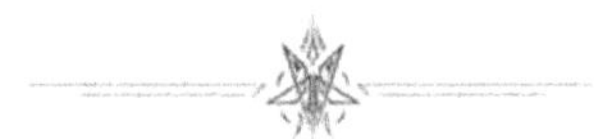

Every husband needs a pause button, not from his wife, but from pressure, responsibility, expectations, noise, performance, problem-solving, and being "on" all the time. Pause is not escape. It is recovery. When men don't get space, they don't become more connected. They become depleted. Depleted men struggle to love well.

Most men process internally. They think in silence. They reset alone. They recalibrate privately. When a man is overwhelmed, he doesn't want to talk first. He wants to breathe first. He wants quiet before conversation, stillness before sharing, and solitude before vulnerability. That's not emotional immaturity. That's emotional wiring.

Space helps men organize their thoughts before expressing them. Without space, emotions come out messy. With space, they come out clear. For me personally, when I get home, I need time to unpack the day. I can't walk into a tornado of conversation.

Here's the truth about man caves. A man cave is not a rejection of home. It's a recharge station. It's where a man lowers his guard. No expectations. No judgment. No performance. Just rest. A man who has space comes back better, more patient, more affectionate, and more attentive. A man who never rests emotionally becomes irritable. Distance grows when space is denied, not when it's allowed.

Have you ever noticed that you rarely hear anyone refer to a room as a "woman's cave"? That's probably because women often don't need to disconnect and be alone in order to recharge. The phrase "man cave" has been joked about for years. It sounds selfish, immature, and detached. Underneath the stereotype, however, is something real. Men often need isolation to regulate. Not forever and not emotionally, but temporarily.

Here is where misunderstanding happens. People rarely talk about women needing caves because women often recharge through connection, conversation, sharing, processing out loud, and emotional exchange. Men frequently recharge through quiet, solitude, minimal stimulation, reduced expectation, and internal processing. Neither approach is superior. They are simply different operating systems.

A husband's cave is not about secrecy. There is nothing happening there that we don't want you to know or see. There are simply no prerequisites. Just show up. No cover charge. Lol. The cave is about sensory reduction.

When a man is constantly performing at work, at home, as a provider, as a leader, and as a father, he rarely gets moments when nothing is required of him. The cave becomes the only place where he doesn't have to answer, solve, respond, or impress. It is a pressure-free space.

For many men, pressure-free space is oxygen. Without it, irritability rises. Patience drops. Sensitivity decreases. A man who never gets regulated space doesn't become more loving. He becomes overstimulated. Overstimulation often shows up as shortness, distance, or emotional fatigue.

Here is a helpful comparison. Many women feel restored after a long conversation with a trusted friend. Many men feel restored after thirty quiet minutes alone. The goal is the same, but the method is different. Women often process in order to feel better. Men often need to feel better before they can process.

The cave is not a withdrawal from love. It is preparation for love. It is the reset button. However, balance matters. A cave should never become a bunker. A temporary pause is healthy. Permanent hiding is not. If space restores connection, it is healthy. If space replaces connection, it becomes avoidance. Husbands must be mature enough to recognize the difference.

We also can't stay in those moments too long because the truth is, we don't want isolation to become permanent. Isolation may feel comfortable in the moment, but connection is what ultimately strengthens us.

When men are overwhelmed, their nervous systems do not always calm down through discussion. Sometimes, discussion feels like another demand. Silence reduces stimulation. Reduced stimulation lowers emotional intensity. Lower intensity restores clarity. What may look like withdrawal is often recalibration.

This does not mean women don't need space. It simply means men often need it in a more physically isolated way.

Another factor to consider when men feel the need to press the pause button is that it can look like spending more time with the "bros" than usual. Let's talk about that. Brotherhood matters more than most people realize.

Men need other men. Not to replace their wives, but to refine themselves. Brotherhood provides perspective, accountability, encouragement, reality checks, laughter, and support. There are things men sometimes process better with other men, not because they don't trust their wives, but because shared experience matters.

A man can say to another man, "I'm struggling," and hear the response, "Me too." That reduces shame. It restores strength. It helps keep him grounded.

The real contradiction is this. Isolation weakens men. Connection strengthens them. So, although we need isolation, too much of it breaks us down. There is something that happens when a group of grown men gets together that makes absolutely no sense from the outside. The jokes are immature. The banter is ridiculous. The volume is unnecessary. The stories are exaggerated. Someone is always being roasted.

From a wife's perspective, it can look like this: "How are these men adults?" "Why is this funny?" "Why is this important?" But beneath the nonsense is something powerful. It's release.

When men are with their brothers, something heavy drops off. Titles disappear. Responsibilities fade. No one is the provider. No one is the husband. No one is the dad. No one is the leader. They are just guys. Laughing, competing, debating, nothing important, telling stories that do not matter, and arguing about sports like it is politics. Yet it fuels them.

Why? Because it is one of the few spaces where they are not being evaluated. Not for income. Not for emotional intelligence. Not for leadership. Not for maturity. Just presence.

The silly banter is therapy disguised as trash talk. The teasing is bonding. The joking creates safety. Men do not always bond through vulnerability first. They bond through play, shared experiences, inside jokes, and challenge or competition.

That silliness activates something primal. It reminds them of simpler seasons. It reminds them of who they were before pressure. It reconnects them to an identity outside of responsibility, and that matters.

If a man only lives in responsibility, he slowly forgets joy. Brotherhood reintroduces joy. It awakens the part of him that laughs easily, relaxes naturally, and does not carry the weight of being needed every second.

When he comes home after that, he is lighter, more playful, more patient, and more alive. Not because he loved his friends more, but because he recharged.

I would caution wives not to look at brotherhood as competition. It is not. Not all wives feel this way, but some do feel threatened by brotherhood because it can seem like the friends get the fun version of him. It may feel like they get the relaxed version of him.

Here is the truth. They are simply getting the restored version. The wife receives the refined, deeper, committed, and vulnerable version. The fellas only see the unfiltered ten percent. The wife experiences the full ninety percent, but that ten percent fuels the ninety percent.

Brotherhood will NEVER replace intimacy.

One of the most painful dynamics for men is feeling forced to choose. Statements like, "You'd rather be with them," "They're more important," or "You act differently with them" create tension.

A man who feels guilty for having healthy friendships eventually stops enjoying them. Then he either resents the friendships or resents the restriction. Neither outcome is healthy.

Sometimes conversations shift into comparison. Comments like, "You sure you don't want to talk to your boys first?" appear. Sarcasm begins to cross the line.

The goal is not unlimited freedom. The goal is balanced freedom. Space to recharge and then return. Mature husbands must earn that trust by keeping strong boundaries, prioritizing home first, offering consistent reassurance, and never disappearing emotionally.

Brotherhood should add to marriage, not subtract from it.

Every healthy system has a pause button, not to shut down, but to reset. A husband who asks for space is not asking to leave. He is asking to breathe. A husband who retreats briefly is not rejecting love. He is regulating pressure. A husband who values brotherhood is not replacing intimacy. He is reinforcing identity.

Pause is not distance. Pause is maintenance.

However, pause must be understood correctly. When space is communicated, it builds trust. Space also needs explanation. Men must do a better job of explaining what is happening while it is happening. That is only fair, and it makes sense. Your wife may not fully understand, but at least she knows where she stands and how she fits within your priorities.

If space is unexplained, it creates insecurity. If brotherhood is balanced, it strengthens marriage. If brotherhood becomes an escape, it weakens it.

The difference is intention, and intention goes a long way. Unfortunately, intention often requires explanation. Those explanations sometimes take energy and time that we do not always want to give. Not because we do not care, but because it requires effort.

A healthy pause sounds like this: "I need a minute." "I'm going to recharge." "I'll be back." "I love you." That reassurance keeps the connection intact, especially when you want to maintain the closeness and keep the relationship strong. Wives who understand this don't feel abandoned. They feel secure because they know he's not leaving. He's returning stronger.

The most mature marriages allow both closeness and space, togetherness and individuality, laughter with friends and depth at home. Love that suffocates eventually creates resentment. Love that has room to breathe grows stronger.

A husband who pauses well comes back ready. Ready to listen, ready to lead, ready to love, and ready to show up. That is the goal.

Pause is not the enemy of connection. I will never say you should embrace something you do not understand. I will say, however, that it is important to acknowledge it when it is happening. Pause should not be seen as the enemy of connection, but as a protector of it.

CHAPTER 10

RECORD: WHAT HUSBANDS ACTUALLY NOTICE AND REMEMBER

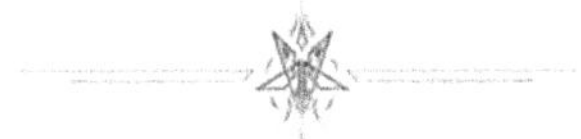

Ok, so let's stir the pot a little. If you have been reading this book up to now, this is the chapter where things shift, and maybe you think, "Oh, I didn't realize that," or "Wow... really?" The goal is to ruffle a few feathers in a good way.

Let's address a common misconception about men. The idea that we don't notice things, that we miss details, overlook effort, or simply are not paying attention. The truth is something I don't even like to admit. Husbands record more than we reveal.

We don't comment on everything we see or every change in behavior we notice. It's more like we see things, hear things, and notice things, but we don't always confirm them out loud. Men don't traditionally narrate their thoughts. Ladies, I promise that is meant with no shade. For us, before we address something, we tend to consider all the facts first.

What we also notice are the things you do every day. The way you handle the kids. The way you carry stress without complaining. The way you keep the house running and organized. The way you sacrifice. The way you keep trying. We absolutely record those things.

Men do not always express admiration fluently, but admiration still lives inside us. Sometimes silence gets mistaken for indifference, when it is actually observation.

A husband may not say, "You're incredible," but he thinks it when she handles chaos with grace. He may not say, "I'm proud of you," but he feels it when she pushes through difficulty. He may not say, "You're beautiful today," but he notices when she walks into the room.

Men often show appreciation differently from how they speak it. Through protection, provision, fixing, doing, and staying. It is not always poetic, but it is intentional.

However, what is not spoken consistently can begin to feel invisible. Invisibility creates distance. So fellas, we must learn something important. What you record internally must occasionally be expressed externally. Love that is never spoken begins to feel uncertain. Appreciation that is never expressed begins to feel absent.

Simple statements like "I see you," "I appreciate you," "Thank you," or "You're doing an amazing job" can strengthen connection in powerful ways. Wives do not need perfection. They need recognition. Husbands who learn to verbalize what they already feel unlock deeper intimacy.

Husbands do not only record the good moments. We record everything. Conversations, patterns, tone shifts, unresolved comments, times we felt dismissed, moments when we felt unheard, and moments when we swallowed our response.

Most of the time, those recordings stay archived. Not because they do not matter, but because men do not like constant confrontation. We store things. We tolerate. We rationalize. We tell ourselves, "It's not worth it," "I'll let it go," "She didn't mean it," or "I'll handle it."

However, recordings do not delete themselves. They sit in emotional storage. When pressure builds, when we feel cornered, when we feel accused, when we feel misunderstood, or when our backs feel against the wall, that is when the tape rolls.

Suddenly, the conversation sounds like this: "But remember when you…" "This isn't the first time…" "I didn't say anything before, but…" "You always…" Now the argument is no longer about today. It is about history.

Men do not usually bring receipts for sport. We bring them when we feel defensive, when we feel like the villain in the moment, or when we feel blamed without context. Rolling the tape becomes self-protection. It is our way of saying, "I'm not the only one," "I've been carrying this," or "You're not seeing the full picture."

It is rarely about revenge. It is about balance.

However, here is the problem. When the record becomes ammunition, intimacy suffers. Once past pain becomes present weaponry, safety disappears. Arguments shift from resolution to scorekeeping. Who hurt who more? Who failed more often? Who messed up first?

Marriage is not meant to keep score. It is meant to keep growing.

Men often do not address small issues in real time. Not because they do not care, but because they want peace. However, peace that is built on suppression becomes pressure. Pressure eventually explodes into history lessons.

By the time those feelings come out, they sound dramatic. They feel overwhelming. It is the kind of moment that can suck all the air out of a room.

My wife often teases me and says, "You sure know how to kill the vibe of the room." That's one superpower I have that I actually don't like. I can control and change the mood of a room. I can calm a situation down, but I also have the ability to make everyone want to leave as well.

Memory is a gift and a curse. It allows growth. It builds wisdom. It strengthens awareness. However, when it is used as ammunition, it weakens trust.

The strongest husbands learn this. If I forgave it, I don't reload it. If we moved past it, I don't resurrect it. If I want peace, I don't weaponize history. When both partners choose to record lessons instead of offenses, the tape becomes testimony, not tension.

But let's face it. All of that sounds good. The reality is that sometimes things are easier said than done. We hear statements like, "If you forgave it, don't reload it," "Release the past," and "Move forward." However, here is the truth. Forgiving is not forgetting, and forgetting is not deleting.

Memories do not disappear just because you decide they should. They linger. They replay. They surface when you least expect them. So how do you still show up when the past is still in your mind? How can you tell when someone has truly moved on and is no longer keeping score?

There are signs, and they matter. A husband has truly released something when:

- He doesn't reference it during unrelated disagreements
- His tone is steady when similar situations arise
- He doesn't flinch when the topic is mentioned
- He doesn't use sarcasm connected to the past

- He continues to show normal affection and intimacy

- He brings up new concerns without attaching old ones

- He speaks about the past calmly, not with emotional intensity

Calmness is proof. When the emotional volume is gone, the weapon is gone. Another sign is that he does not obsessively monitor her for repeated behavior. He trusts again. That trust, even after hurt, is evidence of release.

CHAPTER 11

PLAY: HOW MEN MOVE FORWARD AFTER CONFLICT

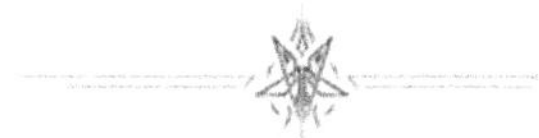

Ok, let's get to one of the most exciting parts of the book. Lol. Now we pivot. This chapter isn't about conflict. It isn't about repair. It isn't about damage control. It's about forward motion. It's about engagement. It's about energy. It's about how men reenter marriage after everything we have talked about.

It needs to feel fresh. Not heavy like therapy. Not corrective. Not defensive. It should feel alive. Men don't heal by sitting still forever. At some point, we move. Not because we have forgotten, and not because nothing happened. Men are complicated. We move because forward feels better than frozen.

Play is how many men reengage with life. It is how we signal, "I'm back." "I'm in." "I'm choosing this." Play is not immaturity. It is energy returning.

When a husband starts joking again, teasing again, and flirting again, that is not random. That is reconnection. Play is often the first sign that a man feels safe again. He jokes because the pressure dropped. He teases because the tension lifted. He flirts because his confidence has returned. Play is an emotional green light.

When a husband feels safe, when tension has lifted, when the weight is no longer crushing him, when the past is no longer replaying, and when connection feels solid, something changes. He becomes more affectionate. Men are naturally physical, but when we become overly affectionate, it usually means we are really into you, and that is our way of showing love.

We become more playful and flirty. We want to hold hands in public. When I grab my wife's hand in public, I am communicating that I am enjoying the moment. I do not only want to be close. I want to feel the closeness.

My wife and I are not big on public displays of affection, but there are moments when I grab her hand, and she looks at me like something is wrong with me. "You love me now?" Lol. When I smack her on the backside or kiss her, it is my way of communicating that even though we are in public, I want the world to know that she is my woman. We are connected. We are engaged.

That is not random. That is alignment. When things are on "play," affection becomes instinctive because men do not separate fun from intimacy. For many husbands, play and desire are connected.

Play lowers defenses. Connection increases attraction. Attraction increases affection. It becomes a cycle. When a man is playful, he is emotionally open. When he is emotionally open, he becomes physically expressive.

That is why affection in public often increases during healthy seasons. We are not trying to prove anything. He simply feels good. When a husband feels good in the relationship, he wants proximity. Touch becomes natural, not strategic.

All of this is simply saying, "I like you." "I'm proud of you." "I'm attracted to you." This is how many men communicate without needing a speech.

Let's dig a little deeper. When we talk about play, we also have to talk about pressing play on purpose. Every marriage has buttons, figuratively speaking. Throughout this book, we have talked about several of them: mute, volume up, volume down, pause, rewind, and record. Now, as we focus on play, we need to break it down fully.

Play is not automatic. It is chosen. Play is the moment a husband decides, "I'm not living in defense anymore." "I'm not stuck in the past." "I'm not staying in silence." He presses play, and when he does, everything shifts.

His tone softens. His humor returns. His eyes linger longer. His touch becomes intentional. Trust me, if he cannot keep his hands off you, he is definitely trying to press play. You want this kind of husband. He is open and fun to be around, and you will recognize it.

His flirtation comes back. Play is an emotional green light. It means the system is stable. That is the most important thing. This behavior shows that he is stable. Ladies, you do not want an unstable man. It means the connection is strong. It means he feels safe enough to be light again.

Joking and laughing are often the biggest signs of his openness. When a husband is playful, he is not being immature. He is being engaged. When he is affectionate in public, he is not showing off. He is proud.

When he teases, laughs, pulls you close in the kitchen, or grabs your hand without thinking, that is not random. That is him saying, without saying, "I like us."

Marriages that never press play become all maintenance, all meetings, and all management. No one wants a relationship that feels like a business.

In my eighteen years of marriage, I have had that difficult conversation with my wife. It is never fun to feel like all we talk about are responsibilities and bills that need to be paid. We have definitely had to work through that over the years. When a marriage becomes only about tasks and responsibilities, it slows growth and momentum tremendously.

When couples intentionally press play, when they laugh again, flirt again, touch again, and enjoy each other again, something powerful happens. The system resets. Joy returns. Desire strengthens. Connection deepens. Love begins to feel less like work and more like partnership.

The remote is always in your hands. You can stay paused. You can stay defensive. You can keep rewinding. Or you can press play.

The strongest marriages are not the ones without conflict. They are the ones who know how to re-engage. Pressing play is not childish. It is courageous. It says, "We're not stuck." "We're not defined by yesterday." "We're still choosing each other."

Every healthy husband learns this truth. If you want your marriage to feel alive, you don't just fix it. You play in it.

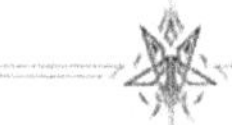

PART IV

THE FINAL REMOTE

We have talked about buttons. Mute. Volume up. Volume down. Pause. Rewind. Record. Play. But here is the question that matters most: Who is holding the remote?

In every marriage, someone is pressing buttons. Sometimes emotionally. Sometimes unintentionally. Sometimes reactively. However, someone is choosing the setting. Mature husbands eventually learn something powerful. You cannot control everything in marriage, but you can control how you show up in it.

The final remote is not about dominance. It is about responsibility. It is about realizing that you do not have to react to every trigger. You do not have to stay in every mood. You do not have to replay every mistake. You do not have to escalate every disagreement. You do not have to withdraw every time you are tired. You can choose.

That is leadership. Leadership in marriage does not mean control. It means intentionality.

For the wives reading this, you are not responsible for regulating your husband. You are not responsible for managing his emotions. You are not responsible for carrying his maturity. However, your presence influences his atmosphere. Your grace accelerates his growth. Your respect strengthens his confidence. Your reassurance steadies his insecurity. Not because he is incapable, but because partnership multiplies impact.

For the husbands reading this, there comes a point when you stop blaming stress. You stop blaming the misunderstanding. You stop blaming history. You stop blaming personality. Then you decide, "I will be intentional."

You lead your tone. You lead your response. You lead your repair. You lead your joy. You lead your growth. That does not make you superior. It makes you accountable.

Accountability builds trust that lasts.

CHAPTER 12
THE LOGIC OF DEVOTION

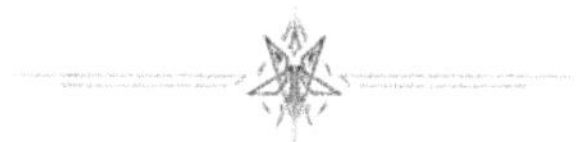

Men are often described as logical, practical, structured, strategic, and calculated. When it comes to marriage, people often assume devotion is emotional. For many husbands, devotion is deeply logical. It is a decision reinforced daily. Not because it is always easy, but because it is worth it. Just because something is worth it does not mean it is always fun.

I think I am an overly logical man. I tend to base most things I do on logic, sometimes to a fault. If the logic does not make sense to me, I assume it is not a good idea. I like structure, and I like things to be organized a certain way. That is simply how I am wired.

When it comes to devotion, I treat it the same way. If I am devoted, I do not deviate from that. Sometimes I realize that just because I see things this way does not mean it translates to my wife the same way.

Husbands see flaws. We see imperfections. We see disagreements, tension, stress, and seasons when connection dips. Devotion is not pretending those things do not exist. It is decided that they do not outweigh the value of the relationship. It is saying, "I see the challenges, and I choose you anyway." That is logic.

Devotion creates security. A devoted husband does not stay because he feels trapped. He stays because stability matters, legacy matters, family matters, and partnership matters. For many husbands, building something long-term makes more sense than chasing temporary satisfaction.

Devotion does not always look emotional. Sometimes we can be slick with words or appear emotionally unavailable. I often hear people say men are not emotional. The truth is that we are very emotional, sometimes even more than women. It just looks different.

Many men do not want to admit they are emotional, but we are. The reality is that we are all emotional beings, some more than others. There are days when I am the one who feels very emotional, and there are plenty of days when my wife is. That is normal.

Devotion does not always sound romantic. It does not always arrive in the form of long speeches. For many husbands, devotion is quiet, practical, consistent, and logical. Because it is logical, it can sometimes be misunderstood.

Women often measure devotion through emotional expression. Men often measure devotion through sustained action. That difference matters. Here are some examples of what devotion can look like.

1. Devotion Looks Like Staying

In a world that normalizes exit strategies, devotion looks like staying. This does not mean tolerating misery. It means choosing commitment when discomfort appears. A devoted husband does not run when things become tense. He adjusts. He recalibrates. He leans in. He chooses the relationship over impulse. That is not emotional drama. That is structure.

2. Devotion Looks Like Providing Stability

A devoted husband thinks long-term. He calculates what protects his family, what builds his home, and what secures the future. He may not say these things every day, but they guide him.

Devotion often appears through working when he is tired, sacrificing personal comfort, making decisions with the household in mind, and choosing consistency over excitement. Logic fuels those choices. He is wired to protect what he commits to.

3. Devotion Looks Like Restraint

Real devotion is often about what he does not do. He does not entertain flirtation. He does not nurture emotional alternatives. He does not cross boundaries privately. He does not feed temptation. This is not because he cannot notice other options. It is because he has already chosen one. Devotion requires discipline, and discipline is deeply logical.

4. Devotion Looks Like Showing Up After Conflict

A devoted husband returns after arguments, stress, and miscommunication. He does not disappear emotionally forever. He presses play again. He reengages. He repairs. He does not allow pride to outrun partnership. That return is devotion.

5. Devotion Looks Like Protection

Protection is not always physical. It is also emotional. A devoted husband protects his wife's reputation in conversations. He does not publicly embarrass her. He does not belittle her privately. He does not expose her vulnerabilities to others. Even when he is frustrated, he protects her dignity. That is devotion in action.

6. Devotion Looks Like Logic

This point matters. Many men process love through logic. Devotion for many men is structured loyalty. It is not driven by butterflies. It is driven by decision.

7. Why Women Should Not Question Devotion Lightly

When a devoted husband feels his loyalty is constantly questioned, something begins to shift. It is usually not anger, but fatigue. In his mind, he is showing up, staying disciplined, working hard, choosing home, adjusting, and growing.

When devotion is doubted without cause, it can feel like his effort is invisible. That does not mean wives cannot ask questions. It means accusations should match evidence.

Devotion is demonstrated through patterns, not moods.

8. The Wiring Behind It

Men are often wired for mission. Commitment becomes the mission. Marriage becomes an assignment. Not an obligation, but an assignment. When a man accepts that assignment, he commits fully. He thinks in legacy. He thinks in decades. He thinks in structure. That logic may not always feel romantic, but it is solid.

Devotion is not always loud. For men, it will more than likely never be loud. As I said before, it will not look dramatic, and it will not feel cinematic. It definitely will not consist of fireworks. Most of the time, it will look like routine.

Many husbands are defined by routine. It is how we function. We like structure. We like knowing what we are doing and why we are doing it. It gives us a sense of accomplishment and fulfillment.

Devotion is not accidental. You choose it. You either have it or you do not. You choose it every day. You do not pick and choose it. You are either in, or you are out.

A devoted husband is not with you because he has no other options. You were chosen for a reason. We could have chosen someone else, but we chose you.

Early in my marriage, I had this argument with my wife many times. We are obviously much older now, but at that time, we did not have children. She shared with me that she was not sure if she would ever be able to have children because of some medical concerns. She believed she could not conceive. This was simply a conclusion she had reached on her own. She assumed that because she had never become pregnant, she never would.

I was devastated, but I also felt that if a doctor had not told you that you could not have children, then there was still hope. We tried over and over again. Sadly, we experienced a few miscarriages.

At one point, she told me that she thought we should reconsider our lives together. She asked if this was something we should continue. She even suggested that maybe I should be with someone younger because she did not want to take away the joy of having children if she could not give me that.

That hurt me deeply because I was committed and devoted to her. I told her something I meant with all my heart. I said, "If we have children, I win. If we do not have children, I still win." My point was simple. I was already in. I was devoted. I was committed. If I said I wanted to marry you and build a life with you, that was the decision.

At least that was what I thought she should understand. I later realized I was wrong. It was easier said than done. Over time, however, she began to see that my words were real and authentic. I meant what I said. I was with her because I made a decision, and that decision was reinforced every day.

When a husband works late and long hours to secure the future, that is devotion. When he declines temptation, that is devotion. When he lowers his voice during an argument, that is devotion. When he returns after a pause, that is devotion. When he presses play again, that is devotion. When he chooses long-term stability over short-term thrill, that is devotion.

It may not always feel emotional, but it is intentional. Intentional love is strong love.

Logic does not cancel romance. It protects it. Structure does not eliminate affection. It sustains it. A man who is wired for logic often loves through patterns, consistency, reliability, presence, protection, and return.

Devotion is not only about how he feels. It is about how he operates.

When you understand that, doubt begins to fade because you see the evidence, not just hear the words.

The logic of devotion is simple. I choose you. Not because it is easy. It is definitely not. Lol. Not because we never disagree. Not because life is perfect. I choose you because you matter more than the alternatives.

This life we are building matters more than the noise around us. Commitment is not a mood. It is a mission.

When a husband understands that devotion is not reactive but rooted, he does not love halfway. He loves intentionally, steadily, structurally, and fully.

CHAPTER 13

THE UPDATE: HOW MEN GROW AND EVOLVE

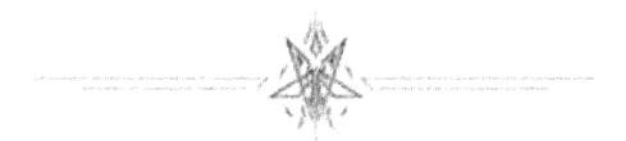

Every system needs updates. Not because it is broken, but because it is evolving. Phones update. Software updates. Operating systems update. They are not meant to erase the original design, but to improve performance.

Marriage is no different. Husbands do not become better overnight. They become better gradually, through experience, reflection, humility, and repetition. The update is not flashy. It is functional.

When a husband grows, he does not stop being who he is. He becomes a refined version of himself. The same man, but better calibrated. Growth does not mean you lose your personality. It means you learn how to manage it.

You do not stop being logical. You learn when to soften it. You do not stop needing space. You learn how to communicate that need. You do not stop being wired for mission. You learn that marriage is part of the mission. That is an update.

So why do updates take so long? Like anything else, they often take longer than we expect. Many men were taught to suppress emotions, which makes it difficult to communicate them easily. We are wired to love and protect. What is not discussed enough is how much we try to protect ourselves internally.

We want to make sure our hearts are protected. We guard them with everything we have. This is especially true for men like me who have experienced abandonment. We do not want to feel that again, and we certainly do not want to cause that feeling for someone we love.

Because of that, the update we are talking about is calculated. It is thought through carefully. We go back and forth internally because when the update is complete, we do not want any remnants of the old patterns left behind.

Many of us were taught that real strength equals silence. That belief is not true. We often think showing vulnerability means showing weakness. Updates also require patience and repetition. Sometimes they do not take the first time. They require grace.

The process can take longer than we want or expect, but that is part of the journey. Wives often need to allow space for that progress. Husbands may push their wives away when this is happening.

During those moments, it helps to ask questions and extend grace. The process may take time.

In many situations, we may not even know what we need while we are trying to figure things out. However, when we choose growth, it eventually sticks.

Marriage should update both people, not only husbands. Wives should evolve as well. Couples have to learn how to grow and update together.

You have probably heard the phrase "Happy wife, happy life." I personally do not subscribe to that idea because it often feels one-sided. It can make marriage sound transactional, which is always a dangerous foundation.

It sounds harmless, loving, and even noble. However, beneath it is a problematic assumption. It suggests that the husband's role is to manage his wife's happiness and that the stability of the marriage depends on one person staying satisfied.

That is not devotion. That is transaction.

Transactional love sounds like this: "If she's happy, we're good." "If she's upset, I failed." "My job is to keep her satisfied." When marriage becomes performance, pressure follows.

Real love is not transactional. It is mutual. It says we build happiness together. We protect each other's peace. We support each other's growth. It is not one person managing while the other reacts.

Love that becomes transactional will always struggle. If happiness becomes the only measurement, discomfort becomes a threat. Growth often requires discomfort. Updates require tension. Change requires adjustment.

If a husband is in a season of updating, learning patience, recalibrating communication, and addressing old patterns, there will be moments when things feel imperfect. He may become more reflective, quieter, more deliberate, less reactive, and less impulsive.

That does not mean he loves less. It means he is recalibrating.

If the expectation is constant emotional performance, growth begins to feel risky because every misstep feels like failure. Marriage cannot thrive in constant evaluation mode. It thrives in grace mode.

Marriage is not a one-time installation. It is an evolving system. Mute will still happen. Volume will still rise. Pause will still be needed. Rewind may try to replay.

However, with updates, recovery becomes faster. Grace becomes deeper. Connection becomes steadier. Devotion becomes stronger. Growth becomes visible.

The best part is that you do not become someone else. You become the best version of who you were meant to be, together.

So, how does the husband update actually happen?

Updates do not download overnight. They install slowly. Sometimes they glitch. Sometimes they stall. Sometimes they restart. Sometimes they require you to power down before they can fully apply.

That is how husbands grow, not through dramatic leaps, but through intentional inches.

Here are a few things to pay attention to.

1. Awareness Comes First, Not Change

Most husbands do not change simply because someone tells them to. They change when something clicks. When they realize things like, "My tone affects her more than I thought." "My silence feels heavier than I intended." "My defensiveness shuts her down." "My lack of reassurance creates insecurity."

That awareness does not always produce instant transformation. It produces responsibility, and responsibility is the first step.

2. Behavior Changes Before Emotion Does

Here is something women should understand. Men often adjust their behavior before their feelings fully catch up. He may begin lowering his voice, initiating conversations, offering reassurance more often, and apologizing more quickly.

That does not make it fake. It makes it intentional. Logic begins to guide the behavior, and love responds over time. Feelings strengthen through repetition.

3. Growth Is Repetition, Not Revelation

Men do not grow because of one big emotional breakthrough. They grow because they practice different responses repeatedly. We like to be sure the change is real, so we repeat the behavior again and again to confirm that it is authentic.

Repetition builds new defaults. New defaults build maturity. Maturity builds trust. Trust is extremely important in relationships. Many people say trust must be earned. I tend to believe that everyone receives my respect until they lose it.

For many men, trust is essential both relationally and personally. Along with respect, trust is one of the most important things to us.

4. The Update Is Slow on Purpose

Slow growth is stable growth. Rapid emotional swings may seem impressive, but consistent small shifts feel safe.

Wives may want visible progress quickly, and that is understandable. However, sustainable growth in a husband often looks like fewer emotional blowups, shorter periods of silence, quicker repair after conflict, more steady affection, and less defensiveness.

It is not about perfection. It is about progress. Progress is often our measuring stick that helps us understand where we are and where we are going. When we see movement, we believe improvement is happening. Slow progress is still progress.

5. Supporting Growth Without Micromanaging It

When a husband is updating, constant monitoring can slow him down. Statements like, "If you were really changing, you would…" or "Let's see how long this lasts" create performance anxiety.

Performance anxiety reduces authenticity, while authenticity builds real change. Encouragement accelerates growth far more effectively than pressure.

6. The Internal Battle Wives Do Not See

While updating, husbands often wrestle privately with old pride, old habits, old reactions, and old insecurities. Growth can feel like swallowing pride, admitting wrong more quickly, and choosing humility over dominance.

That is not easy for men who have been wired to equate strength with control. However, strength evolves. What once looked like strength changes over time.

Old strength was volume. New strength is control. Old strength was silence. New strength is clarity. Old strength was dominance. New strength is steadiness. That evolution takes time.

7. Signs the Update Is Real

Wives can often recognize the update through certain markers. One sign is consistency during stressful moments. When situations that once caused escalation are now handled calmly, growth is happening.

Another sign is proactive affection. That means affection offered simply because he wants to show love, not because he feels obligated. It is affection that comes from desire.

Leadership without control is another marker. A mature man often leads through his actions rather than through his voice. You can see it and feel it.

Reassurance without being asked is another sign. Accountability without excuses is another. These changes may not look dramatic, but they are durable. They are built to last.

This process of refinement can feel overwhelming, not in a negative way, but because you may see someone transforming right in front of you. Just like with a phone or computer update, once the update is complete, one of the first things you notice is improved performance.

Here is the deeper truth about a husband becoming better. Men do not become better because they feel threatened. They become better because they value what they have.

A husband who is updating is essentially saying, "You are worth refining for." "This marriage is worth adjusting for." "I see where I can grow."

That is devotion in motion. Slow, intentional, and sustainable.

EPILOGUE

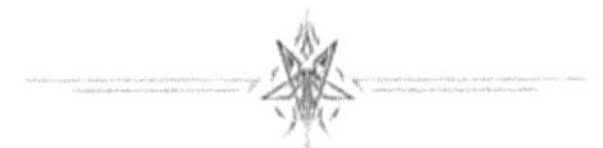

If you have made it this far, congratulations. You now know more about husbands than most husbands have ever said out loud.

You have seen the buttons. Mute. Volume up. Volume down. Pause. Rewind. Record. Play. Power. Update.

Here is the truth. None of us uses the remote perfectly. Sometimes we press volume when we should have paused. Sometimes we rewind when we should have deleted. Sometimes we record when we should have released. Sometimes we mute when we should have spoken. And sometimes we forget to press play.

Marriage is not about mastering the remote. It is about learning how to operate it together.

There will be nights when one of you is buffering. There will be seasons when the signal drops. There will be moments when the DVR tries to replay old scenes. There will be times when pause feels longer than it should. There will also be days when play feels effortless.

That is not dysfunction. That is humanity. That is real.

To the husbands, you do not have to be flawless to be devoted. You do not have to be emotionally poetic to be loving. You do not have to have all the answers to lead well. However, you do have to be intentional.

Press pause before pride speaks. Lower the volume before damage is done. Delete the receipts before they load. Press play when tension lifts. Update slowly but consistently. Remember that devotion is not a feeling you fall into. It is a decision you reinforce daily.

To the wives, you are not competing with space. You are not competing with brotherhood. You are not competing with silence. You are not competing with stress.

A devoted husband may not always express love the way you expect. However, if he is staying, building, protecting, returning, adjusting, and refining, that is love in motion. Look at the pattern, not just the moment. Encourage growth, not just perfection.

Together, do not let stereotypes define your dynamic. Do not let clichés run your marriage. "Happy wife, happy life" may sound cute, but "Healthy us, healthy life" is stronger.

Marriage is not about one person managing happiness. It is about two people protecting connection.

You will not always get it right. Sometimes you will press the wrong button. The beauty of marriage is that the remote does not disappear. You can adjust again. You can restart again. You can update again. You can press play again, and again, and again.

The goal is not a flawless relationship. It is a responsive one, where two imperfect people keep choosing each other intentionally, logically, emotionally, and consistently.

So keep the remote close, and keep choosing. Every setting. Together.

ABOUT THE AUTHOR

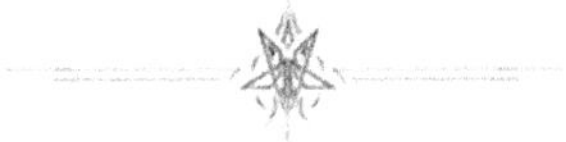

Walter Williams is a writer, husband, father, and storyteller who explores the real-life dynamics of relationships, responsibility, and personal growth. With more than two decades of experience in digital media and storytelling, Walter blends honest reflection with practical insight to help readers better understand life, love, and the journey of becoming a better man over time.

His writing focuses on the everyday realities of marriage, fatherhood, and the emotional and mental growth that happens within relationships. In *Husband Logic*, Walter offers a candid and thoughtful look into how many men think, process, and evolve within marriage, giving couples a clearer understanding of one another and how to stay connected through life's ups and downs.

Walter is also the author of *Broken But Standing*, a powerful reflection on resilience, fatherhood, and finding strength through life's challenges.

He lives in Georgia with his family and is a loyal, sometimes emotionally tested Atlanta Falcons fan who understands both the power of devotion and the importance of resilience.

Learn more at walterwilliamsspeaks.com.